Um Guia Autêntico para a Meditação

Por Shar Khentrul Jamphel Lodrö

Editado por Adrian Hekel
Traduzido por Pedro Lemme
Revisado por Shylton Dias

Dzokden

Autor: Shar Khentrul Jamphel Lodrö
Editor: Adrian Hekel
Tradutor para o Português: Pedro Lemme
Revisão: Shylton Dias

Primeira Edição

ISBN: 978-1-958229-20-0 (Brochura)
ISBN: 978-1-958229-21-7 (ePub)

Publicado por:
DZOKDEN

Esta obra foi produzida por Dzokden, uma instituição sem fins lucrativos operada inteiramente por voluntários. Essa organização se dedica à propagação de uma visão não sectária de todas as tradições espirituais do mundo, e ao ensino do budismo de uma maneira que seja completamente autêntica e, simultaneamente, prática e acessível para a cultura ocidental. Ela se dedica especialmente à difusão da tradição Jonang, uma rara jóia de uma parte remota do Tibete que preserva os preciosos ensinamentos de Kalachakra.

Para mais informações sobre a agenda de atividades ou materiais disponíveis, ou caso você deseje fazer uma doação, por favor entre em contato com:

Dzokden
3436 Divisadero Street
San Francisco, CA 94123
USA
www.dzokden.org
office@dzokden.org

Conteúdo

Carta do Autor   1

Introdução   3

Capítulo 1: AS PRELIMINARES   5

I. Por que é importante meditar?   5

II. O que é meditação?   7

III. Um visão geral do caminho da meditação   13

IV. Escolhendo um objeto de meditação   15

V. Criando o ambiente correto   22

Capítulo 2: A RESPIRAÇÃO COMO OBJETO
E OS ESTÁGIOS DA MEDITAÇÃO   31

I. Atenção plena ao momento presente com a respiração   33

II. Posicionando a mente no objeto de meditação
(como uma queda d'água sobre as rochas)   39

III. Mantendo a mente no objeto de meditação (tornando-se
como um rio que corre através de um desfiladeiro)   43

IV. Refinando a mente
(como um rio que corre lentamente através de um vale)   46

V. Unificando a mente
(como um oceano que não é movido pelas ondas)   50

VI. Um sumário do caminho de Shamatha   53

Capítulo 3: OS OBSTÁCULOS À PRÁTICA
DE MEDITAÇÃO   57

I. Os cinco obstáculos   59

II. As cinco falhas e os oito antídotos   63

III. Cinco maneiras de remover distrações mentais   70

Capítulo 4: MEDITAÇÃO ANALÍTICA   75

I. O que é meditação analítica?   75

II. O processo de meditação analítica   77

III. A meditação analítica e as duas verdades   80

Capítulo 5: OBJETOS AVANÇADOS DE MEDITAÇÃO   87

I. Consciência plena como objeto de meditação   87

II. Os jhanas como objeto de meditação   90

Referências   96

Sobre o Autor   97

A Visão Do Rinpoche   99

Carta do Autor

As instruções de meditação apresentadas neste livro não são algo para ser lido algumas poucas vezes e então posto de lado – pode ser incrivelmente valioso familiarizar-se com elas e praticá-las como uma meta para a vida toda. Se você se dedicar a colocar essas instruções em prática, sua vida terá um grande significado e um grande propósito. Apenas um pouco de prática, porém, não irá, necessariamente, levar a nenhum resultado, a não ser que você tenha um grau excepcional de habilidade espiritual inata. Assim como um acrobata não nasce sabendo realizar acrobacias e precisa praticar continuamente, a meditação é algo que você deve praticar repetidamente. Normalmente, você precisará de grande perseverança, grande compromisso e grande sabedoria, e também da orientação habilidosa de professores ou de amigos espirituais. Após algum tempo, porém, sua prática se tornará uma segunda natureza e não será necessário tanto esforço; ela se torna, então, uma fonte de alegria e de grande significado.

Se você não consegue se relacionar com ideias como a iluminação ou os jhanas, lembre-se de que o objetivo essencial da prática budista é sempre estar consciente de sua conduta e manter um bom coração a todo momento. Deste ponto de vista, a meditação é um método importante para "acostumar-se" com os sentimentos de amor e compaixão que você deveria estar buscando desenvolver o tempo todo. Não importa quem você seja ou o que você faça, isso certamente lhe trará grandes benefícios.

1

Buddha Shakyamuni meditando sob a árvore Boddhi

Introdução

Hoje em dia, a prática de meditação está se tornando cada vez mais popular. Ela é reconhecida como uma parte importante de um estilo de vida saudável e é um aspecto essencial de diversas tradições espirituais. Uma vez que aprender a meditar corretamente pode, potencialmente, trazer muitos benefícios, eu senti que um livreto como este seria útil para apresentar o caminho da meditação de uma forma que fosse tanto autêntica quanto acessível.

Primeiramente, eu acredito que este material seja autêntico porque ele se baseia em ensinamentos budistas que foram testados por mais de dois mil anos – seguindo estas instruções, incontáveis meditadores foram capazes de descobrir a verdadeira natureza de sua realidade e transformaram suas vidas completamente. Estes ensinamentos oferecem uma abordagem prática que pode beneficiar a todos, independentemente de sua raça ou religião. Nós os chamamos de "budistas", porém, para declarar que eles são provenientes de uma fonte autêntica.

Ao mesmo tempo, eu tentei tornar esse material acessível, minimizando o uso de jargão e fazendo referência a uma variedade de fontes atuais. Eu procurei resumir diversos métodos de meditação que não só foram efetivos na época do Buda, mas que também foram utilizados com um sucesso considerável por professores modernos.

Minha esperança é que este livro possa ser um guia para que você encontre um tipo de meditação que irá "te levar de volta para casa" quando você quiser – a um espaço de clareza e tranquilidade em que você possa encontrar paz e restaurar sua energia, ou

3

a partir do qual você poderá se engajar no mundo com eficiência e se mover graciosamente pelas ondas da vida. Porém, acima de tudo, eu espero que este livro possa servir como uma "ponte" para a iluminação, independentemente de você estar seguindo um caminho budista ou qualquer outra tradição espiritual autêntica. Para aqueles que tiverem um interesse particular no caminho budista, eu carinhosamente os encorajo a explorar as referências no final deste livro, especialmente a série *Unveiling Your Sacred Truth*.

BOA SORTE!

CAPÍTULO 1
As Preliminares

I. Por que é Importante Meditar?

Todos nós temos um potencial ilimitado de desenvolver nossa mente, mas ela está afligida, atualmente, pelo embotamento, pela distração e por emoções descontroladas, assim como pelo potencial de que esses estados surjam. A meditação pode purificar e refinar nossa mente. Em um nível comum, ela pode nos conduzir a uma vida mais eficiente, equilibrada, calma e pacífica. Em um nível mais profundo, ela pode nos ajudar a desenvolver a concentração e uma poderosa força mental. Se formos capazes de renunciar ao nosso apego aos interesses mundanos e desenvolver uma grande compaixão, ela pode nos levar à descoberta da nossa natureza iluminada.

Nós devemos nos lembrar que a meditação desenvolve a consciência mental não-física. Atualmente, nós estamos começando a compreender que os fenômenos mentais emergem de uma dimensão oculta da realidade que é mais fundamental que a cisão entre matéria e mente. Isso é o que os budistas acreditam ser a *mente sutil*, e muitos meditadores fizeram essa descoberta diretamente. Diferentemente das cinco consciências sensoriais, que dependem de órgãos físicos específicos, essa mente sutil pode ser treinada de forma ilimitada. A prática de meditação, portanto, pode levar a resultados extraordinários, se perseverarmos nela.

Você pode se perguntar como a meditação beneficiará você em sua vida cotidiana. Primeiramente, a sua qualidade de vida

5

depende de como você percebe e responde às coisas, e isso é determinado pela qualidade da sua percepção consciente. A prática de meditação pode melhorá-la, de forma que você possa aprender a abordar a vida a partir de um espaço de calma, clareza, insight e compreensão cada vez maiores. Ela pode, portanto, ajudar você a sentir-se presente, aterrado e conectado a todas as suas experiências. Ao invés de ser arrastado pelas reações a eventos externos, você poderá estar numa posição melhor para compreender as coisas como elas são e responder de uma maneira sábia, com bondade e paciência em relação a si mesmo e aos outros. Você poderá, então, descobrir uma liberdade interna, a partir da qual você poderá escolher suas respostas ao invés de reagir, resistir ou buscar distrações.

A meditação também traz muitos benefícios à saúde. Eles incluem maiores habilidades de enfrentamento, memória, eficiência, uma melhoria no sono, uma resposta ampliada de relaxamento, menos ansiedade e depressão, e a diminuição de dores crônicas (uma vez que você pode aprender a apenas estar consciente da dor, sem se deixar levar por ela). Isso também pode levar a uma redução da pressão sanguínea e da frequência cardíaca, a um funcionamento melhor do sistema imunológico e a benefícios em uma ampla gama de condições físicas, incluindo doenças cardíacas, diabetes e câncer.

Porém, o maior benefício da prática autêntica de meditação é que ela é a chave que abre a porta para a iluminação, ou o desenvolvimento de grande sabedoria e compaixão. Isso pode parecer um conceito "distante", mas se você realmente desenvolver a habilidade da meditação, você verá a vida por uma perspectiva totalmente nova, e apreciará a preciosa oportunidade que essa vida proporciona de descobrir sua verdadeira realidade. Se você partir sinceramente nessa jornada, você também encontrará, sem dúvidas, muitos outros benefícios em sua vida.

Neste livro, vou começar com a definição de meditação, seguida por um breve resumo do caminho da meditação e como selecionar um objeto adequado. Então, descreverei o método de meditação de fato, começando pela organização correta dos ambientes externo e interno. Então, utilizando a atenção plena à respiração como exemplo, nós percorreremos os diversos estágios da meditação que conduzem à concentração unidirecionada perfeita. Isso é sucedido por um sumário dos obstáculos à meditação e seus antídotos, seguido por instruções de como engajar-se na meditação analítica e pela descrição de diversas práticas avançadas de meditação.

II. O que é Meditação?

A palavra "meditação" é bem conhecida por todo o mundo. Porém, seu significado é frequentemente limitado, mal compreendido e apresentado de uma forma que é um pouco simplista, ao menos do ponto de vista do budismo. O significado de meditação é vasto como um oceano, e envolve uma grande riqueza de habilidades e métodos. Neste estágio, não é necessário compreender seus numerosos significados, mas é de vital importância desenvolver a visão correta sobre a meditação e compreender seus pontos mais fundamentais.

Primeiramente, a palavra tibetana para meditação é *gom*, que significa tanto "familiaridade com" quanto o processo de familiarização. De uma perspectiva budista, isso significa aprender a reconhecer e a habituar-se a uma visão da realidade que reflete a verdadeira natureza da sua experiência, e, por meio disso, desenvolver sabedoria e compaixão. Enquanto você pratica a meditação

Um monge mostrando a postura de meditação de sete pontos de Vairochana

dessa forma, você se habitua a um senso mais verdadeiro de quem você realmente é, e essa visão torna-se mais sólida e estável conforme a sua concentração se desenvolve. Ao invés de ser apenas algo intelectual, essa visão pode tornar-se parte da sua realidade vivenciada.

Em um nível simples, podemos pensar na meditação como uma *ferramenta* para o bem-estar emocional e mental, e para alcançar equilíbrio em nossas vidas. No mundo moderno, nós frequentemente carregamos muita tensão em nossos corpos, movidos pelo hábito do pensamento compulsivo e por uma cultura que nos encoraja a nos mover continuamente para o alto e avante. A meditação, então, pode ser uma ferramenta para *pousar graciosamente* e redescobrir um ponto de equilíbrio em que você pode permanecer imóvel e restaurar sua energia. Ao encontrar esse ponto de equilíbrio, você poderá, então, ser mais eficiente e ter mais clareza quando for necessário mover-se e agir no mundo, como no seu trabalho ou em sua vida familiar. Isso é como saber onde fica a praia, e poder retornar a ela sempre que você quiser, enquanto você nada no oceano da vida e encontra condições que às vezes são calmas e às vezes são selvagens e tempestuosas. Você também pode imaginar uma bolsa que você carrega consigo. No início ela é bem leve, mas se você continuar carregando-a com o mesmo braço por muitas horas, ela se tornará cada vez mais pesada a cada minuto que passa. Isso é similar à tensão que carregamos em nós – todas as nossas histórias, medos, preocupações, estresses e responsabilidades. A meditação nos permite soltar a bolsa, para que depois você possa pegá-la novamente com muito mais conforto, energia e clareza.

Há dois níveis principais de meditação: *shamatha* (também conhecida como "calmo permanecer") e *vipashyana* (ou visão clara). Shamatha refere-se à técnica de meditação unifocada, em que você se concentra intencionalmente sobre um único objeto para "habituar-se a ele" e, assim, unificar e concentrar a mente; ela, assim, se torna muito mais estável que a mente ordinária normal. Isso também descreve o estado mental bem-aventurado e imperturbável que resulta da prática de shamatha. Vipashyana, por sua vez, refere-se à meditação de insight. Ela enfatiza a compreensão da verdadeira natureza da mente e dos fenômenos.

Se pensarmos numa vela, shamatha é como a estabilidade da chama, e vipashyana é como a sua luminosidade. Para que você possa ver uma imagem com clareza, você precisa de uma chama que seja tanto estável quanto luminosa. De forma similar, para descobrir a verdadeira natureza da sua experiência, você precisa de uma mente que seja tanto calma quanto clara. Isso não significa, porém, que shamatha e vipashyana sejam completamente separadas. Muitos professores comparam esses dois métodos a duas pontas de um bastão, ou aos dois lados de uma mão. Quanto mais você desenvolver a calma e a concentração, maior será a probabilidade de que você desenvolva o insight. Quanto mais insight você desenvolver, maior será a facilidade da mente em se manter concentrada e calma. Para que as emoções e estados mentais nocivos sejam completamente erradicados, porém, é necessário que ambas estejam presentes. Isso é conhecido como a *união* de shamatha e vipashyana.

Todos os tipos de meditação seguem o mesmo método básico:

1. Tranquilizar o corpo;
2. Concentrar-se sobre o objeto escolhido;
3. Quando pensamentos e emoções surgirem, apenas observar e tomar consciência deles; e
4. Gentilmente trazer a mente de volta ao objeto.

A meditação shamatha enfatiza o segundo passo, em que você treina a si mesmo para habituar-se a uma mente estável ou familiarizar-se a tal ponto com um objeto que os pensamentos perturbadores se tornem muito sutis e, eventualmente, deixem de surgir. A meditação de insight enfatiza principalmente o terceiro passo, em que você aprende a acompanhar seus pensamentos e emoções com plena consciência e a examinar sua natureza. Com ambos os métodos, é crucial que você não tente "bloquear" pensamentos ou emoções, mas pelo contrário, que você esteja consciente deles e traga, gentilmente, a mente de volta ao objeto de meditação.

Esses quatro passos também contêm três habilidades chave que se desenvolvem progressivamente conforme você aprende a meditar. A primeira é o *relaxamento,* em que o corpo aprende a soltar toda a sua tensão habitual e a sentir-se "espaçoso". A segunda é a *atenção plena,* a absorção da mente no objeto de meditação, de forma que a mente seja "preenchida" pelo objeto. A habilidade final é a *consciência* ou *vigilância,* que se refere a um aspecto da mente que age como um guarda vigilante, que checa se você se mantém atento ou não e mantém o objeto de meditação cada vez mais vívido. Ela também alerta se você estiver caindo para estados de embotamento, agitação ou outros obstáculos, e mantém uma consciência receptiva aos objetos que estão em segundo plano, como sons e objetos visuais. Essas três qualidades são como a raiz, os ramos e a folhagem de uma árvore. Conforme nossa prática se desenvolve, as raízes do relaxamento se aprofundam, o tronco da atenção plena se fortalece e a folhagem da vigilância se eleva cada vez mais.

*As três habilidades meditativas chave: relaxamento,
atenção plena e consciência ou vigilância*

III. Uma Visão Geral do Caminho da Meditação

Uma prática de meditação se inicia quando você esclarece a sua motivação e adquire uma compreensão filosófica a respeito de até onde a prática pode conduzir. Também é útil estabelecer uma fundação sólida de moralidade, disciplina e equilíbrio na sua vida. Para algumas pessoas, isso pode significar simplificar a vida para abrir espaço para a prática de meditação, e para outras, isso pode significar envolver-se mais ativamente na vida. Para outras, ainda, isso pode significar entrar num monastério ou fazer a escolha de aderir a um conjunto específico de preceitos. Essa base de disciplina ajuda você a desenvolver atenção plena enquanto segue com a sua vida cotidiana. A motivação com a qual você se engaja na prática de meditação pode ser benefíciar a si mesmo nesta vida, atingir a liberação do sofrimento ou alcançar a iluminação completa para o benefício de todos os seres. Cada motivação é igualmente válida, mas uma motivação mais ampla provavelmente levará a maiores benefícios.

Em geral, começamos com a escolha de um objeto de meditação apropriado (que pode ser apenas um ou diversos) e engajando-nos na concentração unifocada para atingir a *mente de shamatha*. Progredimos gradualmente através dos nove estágios ou estados atencionais, que levam a um estado estável de paz e de perfeita concentração, que pode ser dirigida para qualquer objeto escolhido. Aqueles que atingem shamatha estão livres das emoções, e são capazes de permanecer em um estado mental pacífico por longos períodos de tempo. Essa forma de meditação é comum às tradições budistas e não-budistas. Se você fizer algum grau de progresso em direção à concentração unifocada, você descobrirá estados de grande paz durante a meditação e notará muitos benefícios em sua vida cotidiana.

Se você não se apegar a esse estado pacífico e tiver a coragem e a diligência para seguir adiante, você chegará a um estágio em que estará altamente motivado a continuar praticando, inspirado por muitas experiências pacíficas e de bem-aventurança. Isso pode levar ao atingimento de estados de concentração extremamente refinados, conhecidos como *jhanas*. Estes são estados incrivelmente bem-aventurados, de absorção plena da mente, durante os quais você deixa completamente de ter consciência da realidade externa.

O resultado da prática de shamatha ou de jhana pode ser uma realização mundana ou "samsárica", o que significa que isso pode não levar à liberação definitiva do sofrimento. Alternativamente, ao menos de um ponto de vista budista, com a motivação correta e sabedoria, essa realização pode ser direcionada para a iluminação. Dessa perspectiva, shamatha não é o objetivo final, mas um passo fundamental em direção à descoberta do verdadeiro insight sobre a natureza da sua experiência. É de fato possível, então, superar todas as emoções e estados mentais destrutivos, atingindo uma liberação perfeita e duradoura da experiência do sofrimento.

Algumas pessoas desenvolvem primeiramente a mente tranquila de shamatha, e em seguida o insight, enquanto outras desenvolvem primeiro o insight e desenvolvem posteriormente a estabilidade meditativa. Outras pessoas, entretanto, desenvolvem a tranquilidade e o insight ao mesmo tempo, ou em conjunto, enquanto, para outras, ser capaz de estabilizar a mente e cultivar o caminho exige uma grande perseverança.

IV. Escolhendo um Objeto de Meditação

Para encontrar o caminho meditativo que é mais adequado para você, é crucial encontrar um ou mais objetos de meditação que sejam apropriados para o seu tipo de personalidade. Idealmente, o objeto de meditação é um objeto pelo qual você deve se apaixonar. Você pode escolher esse objeto com base na sua experiência ou preferência, ou um professor pode recomendar um a você. Um objeto específico geralmente é escolhido para ajudar você a superar um ponto fraco específico, ou porque ele potencializa seus pontos fortes. Por exemplo, se você tem um pavio curto, a contemplação da bondade amorosa pode ser um objeto muito apropriado, uma vez que ela serve como antídoto para a raiva. Se você tem um tipo de personalidade mais emocional, você pode ser atraído para as práticas devocionais ou de bondade amorosa por um motivo diferente, já que esse tipo de objeto é mais adequado à sua personalidade. De forma similar, pessoas mais racionais podem ser atraídas por certas formas de meditação analítica, e pessoas mais sensoriais podem se beneficiar com técnicas que enfatizam a atenção no corpo ou a consciência sensorial.

Outra coisa a ser levada em consideração é que quando você estiver meditando para atingir a concentração unifocada, conforme sua concentração se aprimora, você poderá escolher objetos cada vez mais sutis. No início, um objeto móvel como a respiração ou caminhar lentamente pode ser mais adequado, mas, num dado momento, é melhor concentrar-se em um objeto estável e imóvel como uma imagem sagrada ou um objeto mental visualizado.

De acordo com o budismo Mahayana e com o budismo Vajrayana, há um número infinito de objetos de meditação, que podem ser adequados a diferentes tipos de seres para o desenvolvimento da concentração unifocada. Os ensinamentos do budismo Theravada, contudo, descrevem quarenta objetos diferentes de contemplação, que se adequam a pessoas com diferentes temperamentos.

Podemos dividir quase todos os objetos de meditação em oito categorias:

1. Meditações sobre a respiração (controlada ou espontânea).
2. Visualizações (como uma imagem de um Buda ou objetos visuais chamados *kasinas,* que representam os quatro elementos e as quatro cores).
3. Meditações com mantras (em que um som ou um grupo de sílabas é repetido, frequentemente acompanhado de uma visualização).
4. Meditações em movimento (como caminhar lentamente ou yoga).
5. Meditação sobre os centros energéticos ou chakras.
6. Meditações dos Jhanas (estados muito profundos de absorção meditativa).
7. Meditações analíticas (incluindo contemplações como a impermanência, a bondade amorosa, ou preces e práticas devocionais, assim como a investigação da verdadeira natureza da realidade).
8. Meditações de consciência plena (incluindo a consciência plena dos conteúdos da mente ou a prática num quarto completamente escuro do Tantra de Kalachakra).

As primeiras seis categorias enfatizam o desenvolvimento da concentração unifocada, enquanto as duas últimas categorias enfatizam o insight; porém, cada uma das categorias pode levar tanto à concentração quanto ao insight. A prática em uma sala escura do Tantra de Kalachakra, por exemplo, é utilizada para o atingimento de shamatha pela concentração no estado não-conceitual, e a partir de um certo estágio, isso conduz ao insight direto sobre a verdadeira natureza da realidade.

Se a sua mente é predominantemente afetada por pensamentos excessivos, ou se você tiver um "temperamento especulativo", o que é bastante comum no nosso modo de vida tenso e atribulado, concentrar-se no fluxo natural da respiração pode ser uma forma eficiente de aquietar a mente e relaxar o corpo. A consciência das sensações e sentimentos internos também pode ajudar a estabelecer um estado mais relaxado, assim como a atenção ao movimento do corpo ao caminhar lentamente ou na prática de yoga. Para a meditação caminhando, você deve concentrar-se intencionalmente em cada momento do movimento de cada pé, e você poderá sincronizar isso à respiração ("inspirando consciente do pé esquerdo, expirando consciente do pé direito"), ou talvez com um mantra (*bud-dho* é utilizado na tradição tailandesa, com a recitação silenciosa de uma sílaba a cada passo). O uso da respiração como objeto de meditação será descrito extensamente mais adiante neste livro.

Se a sua emoção aflitiva predominante é o ódio ou a raiva, então a bondade amorosa, também chamada de *metta*, pode ser um bom objeto de meditação. De forma similar, a meditação sobre a alegria empática pode ser um objeto adequado se você tiver uma tendência à inveja. Para meditar sobre a bondade amorosa, você deve reconhecer que todos os seres estão buscando a felicidade, assim como você, e cultivar o desejo de que os outros encontrem a felicidade genuína e suas causas. Essa meditação é a base para as contemplações mais avançadas sobre o amor e a compaixão que são apresentadas na tradição Mahayana do budismo.

Meditação andando foca na consciência do solo

Se, por outro lado, o apego ou o desejo são a sua aflição predominante, um método efetivo é levar a mente à pessoa desejada e pensar nas qualidades não-atraentes do corpo, como a carne, os ossos, os órgãos internos, pus, sangue e urina. Você também pode relembrar os diferentes estágios de decomposição do corpo humano, que os ensinamentos Theravada descrevem como *as nove contemplações do cemitério*. Embora ela possa parecer repulsiva, aqueles que realizam essa forma de meditação são frequentemente surpreendidos pelo surgimento de uma experiência de grande bem-aventurança, uma vez que a bem-aventurança emerge naturalmente quando o desejo aflitivo é removido.

Objetos adequados para aqueles que possuem uma natureza piedosa (pessoas emocionais) incluem a lembrança do Buda e das Três Jóias, deidades e virtudes como a generosidade. Isso pode aplicar-se especialmente àqueles com uma formação cristã ou em outras religiões baseadas na fé, que são atraídos para preces e práticas devocionais. Por outro lado, para as pessoas do tipo pensante, objetos adequados podem incluir a contemplação da morte e da impermanência, a contemplação do corpo como um conjunto de elementos e a contemplação da interdependência. Essas contemplações também podem ser um antídoto para o orgulho e a arrogância.

Um método eficiente de visualização, que combina diversos desses objetos, é tomar consciência de que o seu corpo se originou de aflições e propensões cármicas, e então visualizá-lo como um conjunto impuro de carne, ossos, sangue, pus, excremento e outras características que vierem à sua mente. No centro do seu coração, visualize uma luz brilhante, que simboliza sua natureza iluminada, irradiando-se lentamente por todo o corpo. A mente permanece em concentração unificada, acompanhando a luz sem distração, até que todo o corpo se torne luz, luminoso e indestrutível. Isso simboliza a purificação completa e a realização gradual da sua natureza iluminada.

Contanto que a sua motivação seja pura e a sua visão esteja correta, meditações tântricas que envolvem visualizações e mantras podem ser uma forma de prática muito eficiente. Elas podem ser especialmente adequadas para as pessoas com um tipo de personalidade *intuitivo*. Por exemplo, o mantra de Manjushri OM AH RA PA DZA NA DHI pode ser utilizado para desenvolver a sabedoria e o mantra de Chenrezig OM MA NI PADME HUNG pode ser usado para evocar a compaixão. O mantra do Buda da Medicina, por sua vez, pode ajudar você a se curar, para que você possa beneficiar outras pessoas: TAYATA OM BEKANZE BEKANZE MAHA BEKANZE RADZA SAMUDGATE SVAHA. Por fim, o mantra de Tara Branca, OM TARE TUTARE TURE SVAHA, pode conectar você à qualidade feminina do amor e à vida longa. Cada uma dessas práticas é associada a visualizações específicas, cujos detalhes podem ser encontrados em diversos textos. Qualquer pessoa que tenha a motivação correta pode receber algum benefício da recitação desses mantras; porém, eles são mais poderosos se você tiver recebido uma iniciação ou realizado estudos específicos.

Centros energéticos ou *chakras* são um outro objeto de meditação, embora no budismo, em geral, eles sejam parte de práticas bastante avançadas, que normalmente exigem que certas preliminares sejam completadas (isso é conhecido como *estágio de completude*). Realizar essas práticas como um iniciante é como construir uma casa sem uma fundação sólida, e é pouco provável que isso produza muitos benefícios. Diversas escolas não-budistas oferecem métodos poderosos para ativar os chakras, que podem ser muito efetivos para certos tipos de pessoa. Porém, se o seu objetivo é a iluminação, você deve investigar cuidadosamente se existem diferenças entre as visões budistas e yóguicas, e se perguntar qual caminho será mais benéfico para você a longo prazo.

Uma consideração final é escolher um objeto (ou objetos) de meditação que ajude você a desenvolver a concentração de tal maneira que isso possa ser integrado à sua experiência na vida cotidiana. A atenção plena ao momento presente ou a presença aberta podem, portanto, ser um método muito prático, uma vez que a sua experiência na vida espelhará a sua experiência durante a meditação. Seu trabalho diário também pode se tornar uma forma de meditação: você se encontrará frequentemente em um estado de "fluxo", quando seu trabalho não for excessivamente entediante (levando ao embotamento) ou desafiador (levando ao estresse e à agitação). De fato, o Buda disse, certa vez, a uma velha mulher que queria meditar, que ela deveria permanecer consciente de cada movimento de suas mãos enquanto retirava água de um poço, e essa passou a ser a sua prática diária.

Você também irá notar diversos ciclos ao longo do dia em que um objeto de meditação será mais adequado que outros. Se você mantiver atenção aos ciclos naturais do corpo, você descobrirá que a mente e o corpo se alternam entre períodos de movimento (ou de consumo de energia) e de quietude (restaurando a energia). Durante os períodos de movimento, é mais efetivo utilizar um objeto de meditação em que a mente é "direcionada" ou canalizada claramente em uma única direção, como a meditação analítica, mantras ou a contagem da respiração. Em períodos de quietude, você pode favorecer meditações mais "receptivas", uma vez que a mente está naturalmente mais calma, aberta e alegre. Você pode até mesmo aprender a meditar durante os estados de sonho e de sono profundo, e isso pode levar à capacidade de sustentar uma consciência contínua durante o dia e a noite.

V. Criando o Ambiente Correto

Para que uma semente cresça e se torne uma árvore, são necessárias diversas condições, como solo fértil, luz do sol e chuva. De forma similar, para treinar a mente na meditação, nós precisamos de diversas condições externas e internas. Isso inclui o local correto, a postura correta, o estado mental ou a intenção corretos, e práticas preliminares para tranquilizar a mente.

(i) O Local Correto

Primeiramente, é útil preparar um local que seja propício para a prática de meditação: silencioso, limpo, livre de desordem, abençoado e livre de interrupções e distrações. Alguns locais favorecem diferentes tipos de prática – o ambiente pacífico de uma floresta, por exemplo, pode ajudar no desenvolvimento de calma e concentração, enquanto um local com uma vista aberta e vasta pode ser efetivo para o cultivo do insight. Embora um ambiente barulhento ou que contenha muitas distrações possa ser um obstáculo para os iniciantes, se você for capaz de desenvolver uma boa prática de meditação a despeito de tais desafios, isso pode levar a uma maior realização.

Quando começamos a meditar, é melhor manter uma rotina estrita e realizar as sessões no mesmo local, concentrando-se no mesmo objeto. A quantidade de tempo que você passa em meditação, durante cada prática, depende da sua habilidade e da sua disposição mental. Cinco a quinze minutos por sessão são um bom começo, e diversas sessões por dia são o ideal.

(ii) A Postura Correta

Também é importante conhecer os elementos posturais que são mais propícios para a estabilidade da mente, uma vez que a mente grosseira está temporariamente associada ao corpo e é influenciada por ele enquanto você está vivo. O desenvolvimento mental também está associado ao corpo, até que você o abandone no momento da morte. Em todas as práticas budistas, objetos materiais são considerados meios úteis para um fim durante essa vida temporária. O corpo, dessa forma, é como um barco, e o meditador é como um passageiro. O passageiro depende do barco para cruzar o oceano e, sem ele, iria se afogar ou não conseguiria chegar à terra firme. Porém, uma vez que se chega ao destino, o barco deixa de ser útil.

Você pode meditar sentado, deitado, andando ou em pé — e cada uma dessas posturas pode ser usada formal ou informalmente.

Para sentar-se, você deve usar uma cadeira confortável com um encosto reto e acolchoado, ou um banco ou almofada de meditação. As mãos repousam unidas, no colo ou sobre as coxas, enquanto as costas estão retas como uma flecha e o queixo levemente abaixado. Para deitar-se, se sua mente estiver agitada, você pode se deitar sobre as costas com os braços ao lado do corpo e as mãos abertas (mas você deve evitar essa postura se sua mente estiver letárgica). Para sustentar uma maior clareza da mente, você pode se deitar sobre o seu lado direito, com a sua mão direita sob o rosto, as pernas unidas, com os joelhos levemente flexionados, e o braço esquerdo ao longo do lado esquerdo do seu corpo. Para andar ou ficar em pé, você deve manter a mão direita sobre a esquerda, à frente do corpo, ou você pode entrelaçar seus dedos, se isso for difícil. Assegurando-se de manter uma postura ereta, mas relaxada, você deve deixar os braços penderem naturalmente.

É útil conhecer detalhadamente os elementos da postura sentada, uma vez que essa é a postura mais favorável para a meditação efetiva, que é necessária se você estiver determinado a atingir estados elevados de concentração. Ela consiste em sete características, e é conhecida como a postura de sete pontos do Buda Vairochana. Essas sete características incluem:

1. Pernas (cruzadas)

Idealmente, as pernas devem estar cruzadas na *postura vajra*, com o pé esquerdo repousando sobre a coxa direita e o pé direito sobre a coxa esquerda. Se essa posição for muito difícil, qualquer postura confortável com as pernas cruzadas é suficiente, mas note que uma estabilidade e um recolhimento maiores são atingidos se as nádegas estiverem elevadas, de forma que o quadril possa girar para a frente. Como nossos corpos são muito sensíveis ao ambiente, ao sentar-se no chão você pode ter uma sensação de grande energia associada à imensa terra abaixo, sobre a qual você se apoia ou se sustenta. Uma boa postura com as pernas cruzadas proporciona um equilíbrio físico excelente e também representa o equilíbrio ou a união de método e sabedoria.

Tão importante quanto sentar-se na postura apropriada é estar confortável. A postura sentada ideal contribui para o desenvolvimento da sua meditação, mas sentar-se confortavelmente significa que você se distrairá menos durante a meditação e que será muito mais fácil relaxar o seu corpo. Assim, você pode escolher sentar-se em uma cadeira, com as pernas relaxadas, os joelhos num ângulo reto e as nádegas firmemente sustentadas pela cadeira, lembrando-se de manter a coluna ereta.

2. Mãos (sobre o colo)

A mão direita deve ser posicionada sobre a palma da mão esquerda, voltada para cima, repousando gentilmente sobre o colo (para meditadoras, pousar a mão esquerda sobre a direita pode ser mais efetivo). As pontas dos polegares devem se tocar levemente, abaixo do umbigo. A posição das mãos expressa a unificação de método e sabedoria durante a prática. Você deve sentir uma sensação de relaxamento dos seus ombros até os punhos e mãos, permitindo que qualquer tensão na parte superior do seu corpo seja liberada.

3. *Costas (coluna ereta)*

O corpo deve ser mantido ereto como uma flecha ou como uma pilha de moedas de ouro, sem inclinar-se para os lados, para trás ou para a frente. Isso pode ter um efeito enorme sobre os seus ventos internos, que são os movimentos sutis de energia que circulam no interior do corpo e da mente, intimamente relacionados à respiração, e que podem ser usados com grande efetividade em certas práticas avançadas. As costas retas também ajudam a mente a se manter alerta e atenta. Você deve procurar sentir equilíbrio e clareza no interior do corpo, do topo da cabeça até a base. Você pode fazer leves ajustes ao longo da meditação para garantir que a sua postura permaneça equilibrada e ereta. O objetivo é permanecer imóvel, relaxado e alerta; permanecer rígido e imóvel é um obstáculo para a consciência.

4. *Ombros e cotovelos (levemente rotacionados para trás e afastados do corpo)*

Os ombros e braços devem ser levemente rotacionados para trás e gentilmente dobrados, para que fiquem igualmente posicionados ao lado do corpo, o que ajuda os pulmões a se expandir corretamente e auxilia a respiração durante a meditação. Os cotovelos devem permanecer um pouco afastados do corpo.

5. *Cabeça e pescoço (queixo levemente abaixado)*

A cabeça não deve permanecer muito elevada nem muito abaixada. Mantenha a cabeça ereta e centralizada, com o queixo levemente abaixado e o nariz alinhado com o umbigo. Procure não curvar o pescoço para os lados ou para trás.

6. *Boca (rosto relaxado e a ponta da língua tocando o palato superior)*

Os dentes e lábios devem ser mantidos em uma posição natural, em que os dentes quase não se tocam. É importante manter o rosto e a mandíbula relaxados e pacíficos, o que irá prevenir a deglutição excessiva. A ponta da língua deve ser gentilmente posicionada atrás dos dentes superiores, ajudando a aguçar a mente e prevenindo a secura da boca e a salivação. Se a sua mente estiver muito agitada e você sentir dificuldade de atingir um estado tranquilo, posicionar a língua atrás dos dentes inferiores pode ajudar a relaxar e acalmar a mente.

7. *Olhos (direcionados para além da ponta do nariz)*

Os olhos não devem estar abertos demais, nem devem ficar completamente fechados. Se eles estiverem excessivamente abertos, você poderá distrair-se facilmente, e se estiverem completamente fechados, sua mente pode tornar-se turva ou embotada. No início, porém, manter os olhos suavemente fechados pode ajudar o seu corpo a entrar num estado mais profundo de relaxamento. Após meditar dessa forma por algum tempo, você verá que você se tornará mais equilibrado e poderá abrir levemente os olhos. Além disso, quando um objeto visualizado é utilizado como um foco para a meditação, ou quando a mente estiver excessivamente agitada, é importante fechar os olhos.

Há diferentes métodos de direcionar o seu olhar. O primeiro método é olhar diretamente à frente, para qualquer cor que não seja excessivamente brilhante, ou para um objeto agradável ou sagrado, como uma flor ou uma imagem do Buda. O segundo método (e o mais comum) é direcionar os olhos para baixo, gentil e serenamente voltados para o espaço um pouco à frente da ponta do nariz. Não se concentre com muita intensidade, mantenha os olhos imóveis e deixe que eles pisquem naturalmente. Esses dois métodos são adequados para iniciantes. Outros métodos específicos de meditação envolvem direcionar o olhar para cima, com os olhos bem abertos, para o espaço expansivo, o que pode, na verdade, ocorrer naturalmente quando a mente atinge um certo grau de tranquilidade e um insight claro começa a emergir. Outro método, amplamente praticado na tradição Jonang do budismo tibetano, é meditar em uma sala completamente escura, com os olhos muito abertos e voltados para cima, focando um ponto cerca de doze polegadas à frente de sua testa na vasta escuridão.

Qualquer pessoa que tenha perseverança na prática correta dessa postura, não importando o quão difícil e dolorosa ela possa inicialmente parecer, irá descobrir, eventualmente, que ela é extremamente confortável e benéfica para a saúde. O benefício principal, porém, é que ela irá auxiliar na sua prática de meditação e no seu desenvolvimento mental a longo prazo. Se você não estiver realmente interessado em praticar intensivamente e atingir shamatha, pode ser igualmente efetivo praticar em qualquer posição que seja confortável e em que você possa relaxar com facilidade.

(iii) A Atitude Correta

Existem muitas "condições internas" que são necessárias para uma prática bem-sucedida de meditação. De acordo com os ensinamentos Theravada, a renúncia é a condição mais importante – isso significa reconhecer a verdade do sofrimento e ver a meditação como uma ferramenta para superar a sua experiência de sofrimento. Algumas pessoas podem começar a meditar com isso em mente, mas esquecem dessa intenção e se tornam complacentes quando sua prática está indo bem ou quando suas vidas melhoram. O Buda comparou isso a alguém que está procurando o cerne da madeira, mas ao invés disso, corta galhos ou casca de uma árvore e os leva, pensando que isso é o cerne.

Na tradição tibetana, o nono Karmapa descreveu quatro condições necessárias para a meditação bem-sucedida - renúncia, confiança num professor do Dharma qualificado, uma visão não-sectária e uma mente livre de expectativas. Se você estiver seguindo um caminho Mahayana, é importante ver a iluminação de outros como mais importante que a sua própria liberação, relembrando a motivação especial de bodhicitta e invocando o apoio do Buda ou do seu professor do Dharma. Você também deve alimentar novamente essa motivação ao final da sua prática, dedicando-a à iluminação de todos os seres. Isso garante que o mérito da sua prática seja assegurado e possa se ampliar; do contrário, ele pode ser reduzido ou destruído por negatividades.

Em um sentido prático, você deve considerar a si mesmo como uma pessoa "sem história", abandonando a preocupação com memórias do passado e com o futuro, assim como as distrações e expectativas do presente. Em particular, você deve abandonar pensamentos desencorajadores se a sua prática não estiver indo bem, e evitar ser arrastado pelo orgulho e pelo entusiasmo se você encontrar boas experiências durante a meditação.

(iv) Práticas Preliminares

Para iniciar a meditação com uma mente tranquila e receptiva, é útil realizar algumas práticas preliminares que podem ajudar a proporcionar isso.

A primeira delas é uma breve prática da tradição tibetana chamada *exalar o ar estagnado*, que envolve visualizar todas as suas impurezas sendo forçosamente expelidas pelas suas narinas. Isso ajuda a remover correntes contraproducentes de energia do corpo sutil, que são associadas ao apego, aversão e ignorância. Uma vez que a respiração e a mente são intimamente ligadas, essa prática é um excelente ponto de partida para qualquer meditação.

Uma versão simples dessa prática é fazer três respirações profundas, a cada vez inspirando até o abdômen, retendo a respiração por um instante e, então, expirando forçosamente através de ambas as narinas, enquanto se visualiza que todas as energias impuras como o desejo e a raiva deixam a mente e o corpo. Isso pode ser repetido a qualquer momento durante a meditação se você sentir que está perdendo o foco.

Uma versão um pouco mais elaborada envolve um total de nove respirações. Primeiramente, inspire profundamente pela narina direita, enquanto pressiona a narina esquerda, mantendo-a fechada com o polegar esquerdo. Você pode estabilizar a posição da sua mão esquerda ao manter o dedo indicador esquerdo no centro da testa. Então, pressione e feche a sua narina direita com o dedo médio esquerdo e libere a narina esquerda, expirando através dela. Repita isso três vezes, e então inspire profundamente pela narina esquerda, enquanto continua a pressionar a narina direita com o seu dedo médio esquerdo; então, feche a sua narina esquerda com o polegar esquerdo e libere a narina direita, expirando por ela. Repita isso três vezes. Por fim, posicione as mãos novamente sobre o seu colo e inspire profundamente através de ambas as narinas, e então expire por ambas as narinas. Mais uma vez, repita isso três vezes, fazendo um total de nove respirações.

Após essa prática respiratória, é um ritual útil balançar suavemente o corpo de um lado para o outro, e então tomar consciência dos pontos de contato e dos sons à sua volta. Primeiramente, verifique se a sua espinha está ereta e gentilmente balance o corpo de um lado para o outro, deixando que os movimentos se tornem cada vez menores, até que você chegue naturalmente a um ponto de equilíbrio. Então, tome consciência do pontos de contato entre as suas pernas ou pés e o chão, entre suas nádegas e o seu assento, entre suas mãos e o seu colo, e então assegure-se de que seu abdômen, seus ombros, sua língua e sua mandíbula estão todos relaxados. Por fim, tome consciência de todos os sons à sua volta – à sua frente, atrás de você e de ambos os lados – simplesmente permanecendo receptivo e apenas ouvindo, sem qualquer reação. Agora você está pronto para meditar.

CAPÍTULO 2
A Respiração Como Objeto E Os Estágios Da Meditação

Agora, descreverei como utilizar a respiração como um objeto de meditação e como isso pode, gradualmente, conduzir ao atingimento de shamatha. Como muitas pessoas no mundo moderno vivem em um ambiente muito atribulado e estimulante, o pensamento excessivo e a agitação são as aflições primárias que precisamos superar. Isso está frequentemente relacionado a uma grande quantidade de "tensão nervosa" que carregamos em nossos corpos. A meditação na respiração é um excelente método para neutralizar essas aflições e também foi o método de meditação mais amplamente ensinado pelo Buda.

Utilizando a meditação na respiração como um modelo, descreverei quatro estágios progressivos: atenção plena ao momento presente, posicionar a mente no objeto, manter a mente no objeto e o refinamento da mente (que conduz a shamatha). Essa apresentação cobre os *nove estados atencionais progressivos* da tradição tibetana, com base nos ensinamentos do Buda Maitreya e de Kamalashila, assim como os estágios da meditação na respiração apresentados no *Anapanasati Sutta*, da tradição Theravada. Nos primeiros dois estágios, a ênfase está no relaxamento, enquanto no terceiro estágio a atenção plena e a estabilidade da atenção são enfatizadas. Tendo atingido um bom grau de relaxamento e estabilidade, a vigilância, ou a vivacidade da atenção é, então, enfatizada nos estágios posteriores.

Use a respiração como um objeto de meditação

Você "atingiu" um estágio específico quando sua experiência em meditação estiver de acordo com a descrição do estágio, pela maior parte da sessão, em *todas* as suas sessões. A despeito disso, pode parecer que o estágio que você alcançou tenha uma variação considerável de uma sessão para a seguinte, então é importante ajustar o seu método para adequar-se ao seu estado mental. Se, por exemplo, a sua mente estiver muito mais agitada que o normal, é uma boa ideia começar do começo, primeiramente estabelecendo uma atenção relaxada do corpo, das sensações e da mente ancorada na respiração. Geralmente, você pode progredir rapidamente através dos estágios iniciais, antes de atingir o seu "estágio usual", contanto que você se lembre de não tentar ir rápido demais. A "paciência cuidadosa" é o caminho mais seguro para o progresso.

Lembre-se que o seu caminho na meditação nunca é fixo, e, num determinado estágio, você poderá decidir que um objeto ou método diferente de meditação será mais benéfico. Por exemplo, quando você atingir um determinado nível de concentração, você talvez prefira meditar na consciência plena como objeto, usar uma visualização e mantras ou, talvez, dedicar mais tempo para ao estudo e à prática da meditação analítica. Independentemente de qual for o objeto escolhido, porém, os estágios que conduzem à shamatha ainda se aplicam à sua prática de meditação.

I. Atenção Plena ao Momento Presente com a Respiração

Para muitas pessoas, é difícil selecionar imediatamente um único objeto de meditação. O objetivo deste primeiro estágio, então, é criar uma estrutura mental receptiva (mas não reativa), capaz de simplesmente notar todos os estímulos externos sem reagir ou prender-se a eles. Além disso, você pode utilizar a respiração para ancorar sua atenção e conscientemente relaxar o corpo. Você pode, portanto, gerar rapidamente um estado mental que é tanto tranquilo quanto atento, nem tenso demais, nem solto demais.

O que é Atenção Plena?

Literalmente, isso significa que a mente está "plena" com o que quer que ela esteja experimentando. Isso ocorre quando você simplesmente observa a sua experiência e simplesmente permanece presente com aquilo que é, sem pensar a respeito ou descrever aquilo que está acontecendo. Um professor Theravada descreveu a atenção plena em termos de cinco características:

1. Uma atenção central presente.
2. A sustentação e o direcionamento da atenção, seja com um foco aberto e receptivo ou com um foco mais estreito.
3. Uma consciência que não julga, dando um passo atrás, ao invés de ser capturada pelo julgamento, vendo as coisas como elas são, e não como nós somos.
4. Uma qualidade receptiva, aberta a uma gama completa de experiências, sem resistir ou reagir, como uma antena parabólica que recebe informações.
5. Uma consciência não-pessoal, que não acredita ou toma como pessoal aquilo que é percebido ou conhecido, incluindo todos os pensamentos, emoções e sensações dolorosos.

Para desenvolver a atenção plena, você deve, primeiramente, tomar consciência dos diferentes elementos que constituem a sua experiência. Isso é descrito extensivamente em um ensinamento conhecido como os quatro fundamentos da atenção plena, do *Satipatthana Sutta*. Isso inclui:

1. Atenção plena ao corpo

Isso inclui a atenção plena à respiração, saber quando você tem a experiência uma respiração longa ou curta, ter consciência do movimento da respiração e a tranquilidade que isso traz a todo o corpo. Isso também inclui: atenção plena à posição do corpo (ter consciência de que você está caminhando, em pé, sentado ou deitado); atenção plena ao lugar para onde você se dirige; atenção plena a como você está se movendo, comendo, bebendo e defecando; atenção plena ao falar e ao permanecer em silêncio; atenção plena às características não-atraentes do seu corpo; atenção plena aos elementos que constituem o corpo e atenção plena à morte e à impermanência.

2. Atenção plena às sensações

Isso inclui simplesmente estar consciente de que você está experimentando uma sensação agradável, uma sensação dolorosa ou uma sensação neutra. Isso também pode surgir através do contato com os cinco sentidos ou através do contato com os objetos mentais, incluindo percepções, memórias, pensamentos e imagens mentais. Sensações mais sutis também podem surgir quando sua mente está tranquila, como uma sensação de bem-aventurança ou de felicidade permeando seu corpo.

3. Atenção plena aos estados mentais

Isso inclui a consciência de que uma mente com desejo é uma mente com desejo, enquanto uma mente sem desejo é uma mente sem desejo. De forma similar, você tem consciência de quando raiva, ignorância, contração, distração e outros estados estão presentes, e você tem consciência de quando esses estados estão ausentes. Você também tem consciência de quando a mente está concentrada, de quando ela está liberada, e de quando este não é o caso.

4. Atenção plena aos fenômenos

Isso significa que você está plenamente atento a todos os fenômenos, ou conteúdos da mente. Isso pode incluir a consciência de objetos sensoriais, como sons, objetos visuais, sabores, cheiros e sensações táteis, assim como de objetos mentais, como memórias e proliferações de pensamentos. Porém, isso também se refere à consciência de que tais fenômenos são impermanente, são sofrimento (ou são incontroláveis) e são desprovidos de natureza inerente.

Resumindo, atenção plena significa estar consciente de toda uma gama de experiências, começando pela consciência do corpo e estendendo-a às sensações, estados mentais, objetos sensoriais e objetos mentais. Você poderá, então, descobrir que a mente pode sentir-se "plena", ao invés de fragmentada, descorporificada ou emaranhada em pensamentos. O *Satipatthana Sutta* também afirma que você deve contemplar todos esses objetos "surgindo, desaparecendo, e tanto surgindo quanto desaparecendo", assim como "internamente, externamente, e tanto internamente quanto externamente". Isso pode dar uma profundidade adicional à sua prática de atenção plena, ajudando a estendê-la para o mundo externo e alinhando sua experiência à visão budista da realidade.

Atenção Plena utilizando a Respiração como Âncora

Embora seja possível praticar a atenção plena ao simplesmente prestar atenção ao que quer que surja em sua experiência, pode ser ainda mais útil ancorar essa experiência com a consciência da respiração. O Buda, assim, ensinou o *Anapanasati Sutta*, para demonstrar como a atenção plena à respiração pode realizar os quatro fundamentos da atenção plena, e como isso pode conduzir à liberação.

Esse sutta dá instruções sobre as *dezesseis respirações com atenção plena*, que são um método rápido e eficiente para tranquilizar a mente e, simultaneamente, obter uma consciência clara da nossa experiência. Essas dezesseis respirações também podem referir-se a dezesseis estados de concentração que são realizados em sequência; aqui, porém, vamos considerá-los juntos.

Para iniciar esta prática, você deve encontrar um local silencioso e estabelecer a postura correta, com o corpo ereto, e estar consciente enquanto inspira e expira naturalmente. Você deve dizer a si mesmo, ou simplesmente saber que:

Eu inspiro longamente, consciente da respiração longa (ou curta),

    eu expiro longamente, consciente da respiração longa (ou curta)

Eu inspiro brevemente, consciente da respiração curta,

    eu expiro brevemente, consciente da respiração curta

Eu inspiro consciente do corpo,

    eu expiro consciente do corpo

Eu inspiro tranquilizando o corpo,

    eu expiro tranquilizando o corpo

Eu inspiro consciente das sensações,

    eu expiro consciente das sensações

Eu inspiro tranquilizando as sensações,

    eu expiro tranquilizando as sensações

Eu inspiro consciente da alegria,

    eu expiro consciente da alegria

Eu inspiro consciente da felicidade,

    eu expiro consciente da felicidade

Eu inspiro consciente da mente,
     eu expiro consciente da mente
Eu inspiro alegrando a mente,
     eu expiro alegrando a mente
Eu inspiro concentrando a mente,
     eu expiro concentrando a mente
Eu inspiro liberando a mente,
     eu expiro liberando a mente
Eu inspiro consciente da impermanência,
     eu expiro consciente da impermanência
Eu inspiro consciente do desaparecimento,
     eu expiro consciente do desaparecimento
Eu inspiro consciente da liberação,
     eu expiro consciente da liberação
Eu inspiro deixando ir,
     eu expiro deixando ir.

Repita esse ciclo de respirações muitas vezes, notando como sua mente e seu corpo se tornam calmos, claros e presentes. Num primeiro momento, é útil repetir as instruções silenciosamente para si mesmo, enquanto você inspira e expira, e enquanto faz isso, contemple cada tópico, especialmente a impermanência. Você pode pensar, por exemplo, em como não há um eu permanente no seu corpo, nas suas sensações ou na sua mente, em como cada um destes tem uma natureza de "sofrimento", ou incontrolável, e em como não há um "eu" que controla aquilo que acontece. Eventualmente, você poderá abrir mão disso e "simplesmente saber" que você está plenamente atento a todos esses diversos elementos enquanto você respira, entrando num estado de consciência mais receptivo. Então, quando a sua mente começar a divagar ou perder o interesse, você poderá voltar a repetir silenciosamente as instruções, talvez de uma forma condensada, utilizando duas, quatro ou oito respirações com atenção plena. Ao alternar, dessa forma, nós deveríamos ser capazes, com alguma prática, de manter uma boa concentração.

A respiração, como uma "âncora" para a atenção plena, é algo a que você sempre poderá retornar se estiver com dificuldades na meditação ou no dia-a-dia. É como a praia. Situações desafiadoras que surgem na meditação ou na vida são como ondas no oceano, porém, se você souber como retornar à praia, você evitará ser puxado para o mar ou ser arrastado por ondas grandes. Você poderá facilmente retornar a essa prática no dia-a-dia, uma vez que você está respirando o tempo todo, e você está aprendendo a associar a atenção plena à respiração. Durante os intervalos nas suas atividades normais, você pode fazer algumas respirações profundas e, conscientemente, retornar ao estado relaxado e alerta que você desenvolveu durante a meditação formal.

II. Posicionando a Mente no Objeto de Meditação (Como uma Cachoeira caindo sobre as Rochas)

Ao cultivar, primeiramente, a atenção plena ao momento presente, você irá descobrir como uma mente alerta pode coexistir com um corpo relaxado. Então, para desenvolver um tipo de concentração mais focada, você pode se concentrar num campo de atenção mais estreito. Se você fosse começar pela concentração em um único objeto, seria provável que você contraísse sua mente e seu corpo, agravando uma tensão pré-existente. Isso é especialmente verdadeiro no mundo moderno, em que as pessoas frequentemente têm uma grande quantidade de tensão acumulada em seus corpos.

De acordo com o *Anapanasati Sutta*, a forma mais eficiente de iniciar esta prática é simplesmente observar a respiração, o suficiente para saber se ela é longa ou curta. Você, assim, diz a si mesmo:

Eu inspiro longamente, consciente da respiração longa (ou curta), eu expiro longamente, consciente da respiração longa (ou curta)

A chave para a meditação, neste estágio, é manter um estado mental relaxado, e o maior obstáculo que você irá encontrar é a tendência da mente de *controlar* a respiração. Essa instrução, portanto, permite que você mantenha uma consciência atenta ao fluxo natural da respiração, porém, ao mesmo tempo, você resiste a controlá-la. Abrir mão da tendência de controlar sua respiração (ao apenas perceber quando ela para por conta própria) ajuda você a relaxar, enquanto direcionar sua atenção para a duração da respiração aumenta a sua vigilância.

O sutta não especifica em qual parte da respiração devemos nos concentrar. Para alcançar o relaxamento, é benéfico estar consciente da respiração através de todo o corpo, mas você poderá achar mais natural concentrar-se em uma região específica, como o peito ou o abdômen. Conforme você toma consciência de todo o corpo "respirando", sua percepção da respiração torna-se mais sutil. Isso é conhecido como o vento interno, que às vezes é sentido como correntes de energia que se movem pelo corpo. Você pode visualizar essa respiração sutil circulando por todo o seu corpo, passando por cada uma das partes, ou você pode imaginar que todo o seu corpo está inspirando e expirando, como se uma onda atravessasse o seu corpo. Você também pode ajudar seu corpo a relaxar ao posicionar a língua atrás dos dentes inferiores e tornando a expiração mais lenta. Se esses métodos falharem em acalmar a sua mente, porém, pode ser que haja uma área de tensão em uma parte específica do seu corpo, talvez ligada a certas emoções dolorosas – nesse caso, pode ser útil concentrar a respiração especificamente nessa área, observando tudo que surge e expandindo a respiração em torno dessa área.

Uma outra técnica, neste estágio, é contar a respiração, fazendo uma contagem a cada respiração. Um método é repetir "um, um, um..." ao longo de uma inspiração e uma expiração, e então "dois, dois, dois..." pela duração da próxima respiração, repetindo o processo por um total de dez respirações, e então contando regressivamente, de dez até um. Um método alternativo é contar "um" depois que a inspiração cessou, seguido por "dois" depois que a expiração tiver terminado, novamente repetindo isso até dez vezes. Um outro método, utilizado na tradição tailandesa, é recitar o mantra *Buddho* com a respiração: *Bud* com a inspiração e *Dho* com a expiração.

Este estágio da meditação equivale, grosseiramente, aos dois primeiros estados atencionais do sistema tibetano, que se concentram na compreensão das instruções de meditação e no atingimento de um estado relaxado:

1. *Posicionando a Mente em um Objeto*

No início, manter a mente fixa no objeto requer muito esforço. Sua habilidade de permanecer fixo no objeto, inicialmente, é bastante limitada, e você só conseguirá fazer isso por alguns breves instantes. Pode parecer que sua mente está ainda mais perturbada do que estava antes de você começar, e você tem a sensação de que seus pensamentos discursivos estão aumentando. No entanto, isso provavelmente significa que você está tomando consciência da condição normal da mente pela primeira vez, o que é a primeira realização.

Este primeiro estágio é atingido através do *poder da escuta*, ou de ouvir as instruções do professor sobre o método de meditação e qual objeto escolher. Ele é alcançado quando você é capaz de posicionar a mente no objeto de meditação desejado por um segundo ou dois. Se o seu objeto for a respiração, isso pode ser alcançado na sua primeira tentativa; porém, se for uma visualização complexa, pode levar algumas semanas até que isso seja alcançado.

2. *Posicionamento Contínuo*

Os períodos de distração ainda são mais longos que os períodos de concentração, mas os períodos em que você é capaz de manter-se fixo no objeto tornam-se mais frequentes. A mente está se tornando mais estável e você pode, ocasionalmente, manter um foco ininterrupto por cerca de um a cinco minutos, e você tem a sensação de que os pensamentos discursivos estão diminuindo. Esse estágio é alcançado através do *poder da reflexão*. Você é capaz de fixar a mente no objeto, mas ainda precisa relembrar as instruções repetidamente e com compreensão.

Esses dois primeiros níveis têm como objetivo posicionar a mente em um objeto, e, portanto, é necessário um engajamento estritamente concentrado. Os estágios posteriores, porém, têm como objetivo manter a mente ali. Os principais erros a serem superados nesses dois níveis são a preguiça, especialmente falhar em ouvir as instruções com atenção, e esquecer-se do objeto de meditação.

Neste estágio, o movimento dos pensamentos através da mente é comparável a uma cachoeira que cai sobre as rochas; isso não significa que a quantidade de pensamentos que temos está aumentando, mas que estamos tomando consciência deles pela primeira vez.

III. Mantendo a Mente no Objeto de Meditação (Tornando-se como um Rio que flui através de um Desfiladeiro)

No estágio anterior, você começou a experimentar a concentração contínua na respiração, direcionando sua atenção à consciência de sua duração ou contando as respirações enquanto o corpo se torna mais e mais relaxado. Uma vez que você tiver desenvolvido alguma estabilidade com esse método, você pode simplesmente deixar que a sua atenção flua com a respiração, do primeiro momento da inspiração até o último, notando o intervalo entre a inspiração e a expiração, e, então, acompanhando a expiração, do início até o fim. Dessa forma, com o seu corpo já bastante relaxado, você começa a desenvolver a atenção contínua e, então, a vigilância. De acordo com o sutta, você deve simplesmente saber:

Eu inspiro consciente de todo o corpo (da respiração), eu expiro consciente de todo o corpo (da respiração).

Normalmente, considera-se que essa instrução se refere à duração da respiração, embora alguns a interpretem como ter consciência da respiração se movendo por todo o corpo. Assim como no estágio anterior, você deve se concentrar na respiração onde ela for sentida naturalmente, movendo seu foco mais para baixo, se você precisar relaxar mais (para o abdômen, por exemplo), e movendo-o mais para cima se você precisar ampliar sua vigilância (na ponta do nariz, por exemplo). Ao mesmo tempo, porém, você deve manter uma consciência periférica de todo o corpo enquanto respira.

O objetivo deste estágio é absorver-se na respiração a tal ponto que você não seja distraído por sons, objetos visuais ou mesmo pelas sensações desconfortáveis no corpo. Especialmente se você estiver cansado, a mente pode ficar embotada. Nesse ponto, um

43

esforço vigilante é necessário para estreitar o foco e capturar com clareza cada instante da respiração.

Os estados atencionais correspondentes, que têm como objetivos estabelecer a atenção plena e, então, a vigilância, são os seguintes:

3. Posicionamento Intermitente

Neste estágio, você toma consciência de quaisquer distrações à sua concentração, e desenvolve a habilidade de trazer, com esforço, a mente de volta ao objeto de meditação, através do *poder da atenção plena*. Você é capaz de trazer a mente de volta ao objeto assim que ela se distrai, como se costurasse um remendo num tecido. Dessa forma, você reinicia sua concentração e torna-se capaz de permanecer ininterruptamente concentrado, geralmente por cerca de cinco a dez minutos. Você, assim, começa a tornar-se plenamente atento e a progredir em direção à verdadeira meditação, já que a sua atenção está fixa no objeto pela maior parte do tempo, em virtualmente todas as suas sessões de meditação.

Alcançar ao menos esse terceiro estágio é uma grande realização, e pode fazer uma grande diferença na sua habilidade de controlar a mente na vida cotidiana.

4. Posicionamento Próximo

Sua concentração é tão intensa, neste estágio, que a mente nunca deixa completamente de estar fixa no objeto, e a agitação grosseira deixa de ser um obstáculo. A mente, portanto, recolhe-se de uma ampla gama de coisas para um foco mais estreito. Você é capaz de manter o objeto continuamente, mas ainda há a necessidade de desenvolver níveis progressivamente maiores de clareza ou de intensidade, e também de lidar com a agitação sutil, que ocorre quando uma parte da mente se perde do objeto de concentração, mas você não o perde completamente. Durante este quarto estágio, o *poder da atenção plena* é alcançado, de forma que você pode manter o objeto de concentração com tal estabilidade que você pode facilmente retornar a ele quando se distrai. Porém, você deve assegurar-se de que essa estabilidade não seja sustentada às custas do relaxamento. Talvez você ainda precise, portanto, aplicar técnicas para relaxar a mente para lidar com a agitação sutil, como manter a língua atrás dos dentes inferiores.

5. *Disciplinando a mente*

Agora, nós desenvolvemos a capacidade de superar o embotamento e a agitação grosseiros, e a atenção ou *vigilância* da mente está se desenvolvendo. O obstáculo a ser superado, nesse estágio, é o embotamento sutil, ou afundamento, que surge devido a um recolhimento da mente de objetos externos que foi longe demais. Superar isso requer muito esforço e disciplina. Há um perigo significativo de falhar em reconhecer o embotamento sutil ou afundamento, que se disfarça como um estado mental estável e pacífico, e você precisa remover esse obstáculo ao estreitar sua atenção com uma crescente vigilância. Pode ser desafiador, porém, superar o embotamento sutil sem prejudicar a estabilidade, e isso pode, ocasionalmente, tornar-se um ato de equilíbrio bastante delicado. Neste estágio, precisamos gerar uma mente elevada por meio da inspiração, ao relembrar, por exemplo, as boas qualidades de shamatha ou os ensinamentos do Buda. Também pode ser útil elevar o objeto de meditação, ou torná-lo menor ou mais nítido, e para garantir isso, a língua, agora, deve repousar atrás dos dentes superiores.

Neste estágio, os pensamentos involuntários continuam a surgir, mas agora, ao invés de serem como uma cachoeira, eles fluem como um rio que se move suavemente por um desfiladeiro. Ainda há uma pequena resistência a praticar, embora os resultados dos nossos esforços normalmente sejam bastante aparentes.

IV. Refinando a Mente (Como um Rio Fluindo Lentamente por um Vale)

Tendo atingido a atenção plena contínua à respiração com um alto nível de disciplina, você precisa, então, tranquilizá-la. Se você pular depressa demais para este estágio, você será vítima do embotamento e da letargia. Portanto, você deve assegurar-se de que o estágio anterior está completo, capturando toda a respiração, antes que você possa tentar tranquilizá-la, assim como você precisa capturar um cavalo selvagem antes que você possa domá-lo.

O sutra, assim, dá a seguinte instrução:

Eu inspiro tranquilizando o corpo (da respiração), eu expiro tranquilizando o corpo (da respiração).

Aqui podem surgir dificuldades, porque utilizamos uma força de vontade substancial para atingir o estágio anterior, enquanto agora é necessário um relaxamento gentil e persistente. Isso pode ser um ato de equilíbrio refinado, e pode ser útil diminuir a respiração e a colocar mais ênfase, novamente, sobre o relaxamento do corpo.

O sutta, então, continua:

Eu inspiro consciente da alegria, eu expiro consciente da alegria

Eu inspiro consciente da felicidade, eu expiro consciente da felicidade

Isso se refere ao surgimento de alegria e felicidade (*piti* e *sukha*, em pali) conforme a respiração se tranquiliza, como a luz dourada da aurora que emerge no horizonte ao leste. Você, agora, desenvolve uma atenção plenamente sustentada da "bela respiração" e somente traços do pensamento discursivo permanecem. Quando você consegue permanecer confortavelmente com esse objeto por um longo período e uma alegria e uma felicidade intensas são experimentadas, a mente torna-se muito concentrada e você é capaz de seguir adiante para o próximo passo.

O próximo estágio, de acordo com o sutta, é:

Inspirando consciente da mente, expirando consciente da mente

Neste estágio, sua atenção está tão refinada que a respiração parece desaparecer completamente, e é substituída por um sinal mental adquirido mais sutil, conhecido como *nimitta*. A sensação do tato (a sensação física da respiração) se desliga, e você agora experimenta respiração como um objeto puramente mental, percebido, por exemplo, como uma luz branca, uma pérola azul ou uma sensação de êxtase. Isso é como a lua cheia (a mente) que emerge por detrás das nuvens (o mundo dos cinco sentidos). Esse objeto sutil, então, torna-se o foco da sua meditação, e conduz aos estágios atencionais mais elevados.

Ajahn Chah compara o surgimento deste sinal a um animal arisco, que só se aproxima se você ficar absolutamente imóvel. De forma similar, se você estiver absolutamente quieto, os *nimittas* emergem, e eles só permanecem se você permanecer absolutamente imóvel. Um outro símile é uma sala escura, em que você pode eventualmente começar a perceber formas conforme os seus olhos se acostumam à escuridão. Da mesma forma, o *nimitta* surge gradualmente da quietude sem forma, uma vez que a respiração tenha "desaparecido".

As duas linhas seguintes do sutta nos dão instruções sobre o que fazer se formas sutis de embotamento e agitação surgirem enquanto você se concentra no *nimitta*:

Eu inspiro alegrando a mente, eu expiro alegrando a mente

Eu inspiro concentrando a mente, eu expiro concentrando a mente

É possível que a sua experiência do nimitta seja embotada ou maculada, possivelmente porque a sua energia mental está baixa. O antídoto é trazer mais alegria à meditação e experienciar esse objeto mental mais plenamente. Você pode se concentrar mais intensamente no centro do nimitta, aguçar a sua atenção ou, talvez, retornar ao estágio anterior, concentrando-se na bela respiração. Você também pode elevar sua alegria ao rememorar as Três Jóias ou relembrar os benefícios de virtudes como a bondade amorosa.

Se, por outro lado, a aparência do nimitta for instável, você deve assegurar-se de que a sua mente está perfeitamente imóvel e concentrada. Isso não significa apenas manter a imagem imóvel, mas também manter imóvel o conhecedor, o aspecto da mente que "vê" a imagem. Quando o nimitta surge pela primeira vez, você pode encontrar medo ou excitação, assim como na primeira vez em que você encontra um estranho. Da mesma forma que você aprende a relaxar na presença desse estranho conforme começa a conhecê-lo melhor, você pode aprender a relaxar um pouco a mente e permanecer presente com o belo nimitta.

Há dois estágios atencionais que correspondem a esses estágios da meditação na respiração:

6. *Pacificando a Mente*

O embotamento sutil foi superado durante o estágio anterior (embora alguns traços ainda permaneçam) e agora há o perigo de envigorar excessivamente a mente. Isso leva ao surgimento da agitação ou excitação sutil, que deve ser pacificada. Neste estágio, a atenção plena e a vigilância tornam-se mais intensas, sendo refinadas através da atenção ininterrupta, e, assim, a agitação sutil é superada. Você talvez tenha o hábito de relaxar a mente quando surge a agitação sutil; isso pode ser ocasionalmente necessário, embora, neste estágio, você também precise ampliar a sua vigilância e aguçar a mente para superá-la.

No quinto estágio, o embotamento sutil é superado pelo poder da *vigilância inspirada*, e agora, durante o sexto estágio, uma faculdade mais intensa, conhecida como *vigilância completa*, está se desenvolvendo. Isso permite que você supere a agitação sutil, embora ela não seja completamente eliminada. A qualidade da atenção, assim, torna-se como um canal de rádio claro, sem qualquer ruído ou estática. Neste estágio, você não experimenta mais nenhuma resistência à prática de meditação, e suas sessões podem durar uma hora ou mais.

7. *Pacificando a Mente Completamente*

Com inspiração e perseverança, a vigilância completa se desenvolve ainda mais, de forma que os traços remanescentes de afundamento e agitação sutis são eliminados e, portanto, desaparecem completamente. Você se torna capaz, assim, de abandonar o afundamento e a agitação sutis assim que estes são produzidos, através do *poder da diligência entusiástica*. Dessa forma, assim que o afundamento surge, você desperta sua atenção, e quando a agitação ocorre, você relaxa ligeiramente. Esses desequilíbrios atencionais são, assim, rapidamente reconhecidos e facilmente remediados com ajustes bastante sutis.

V. Unificando a Mente (Como um Oceano Sem Ondas)

A prática da consciência da respiração agora transformou-se na consciência de um belo e estável sinal mental, ou *nimitta*. Tendo superado quase todos os traços de embotamento e agitação, a meditação agora prossegue de forma suave e livre de esforço. Você aprende a confiar completamente na sua experiência e permanece absorto no objeto, tentando abrir mão de todo o controle enquanto a beleza intensa do *nimitta* mantém sua atenção, sem que você precise sustentá-la. Você simplesmente desfruta enquanto a sua atenção é atraída para o centro ou enquanto a luz se expande, envolvendo você.

Continuando com o exemplo do animal arisco que só se aproxima se você estiver imóvel, você nota que, se você permanecer ainda mais imóvel, mais animais começam a aparecer. Inicialmente, surgiam apenas animais comuns, mas agora animais estranhos e maravilhosos começam a surgir. De forma similar, surgem mais *nimittas*, que podem conduzir a níveis ainda mais profundos de meditação. Especificamente, num determinado estágio, surge um sinal mental mais sutil, conhecido como sinal de contrapartida (*patibhaga nimitta*), como se este se desprendesse do sinal adquirido. Ele é muito mais puro, embora não possua uma cor nem uma forma. A aparição desse sinal corresponde ao atingimento de shamatha. Os estágios finais da prática de Anapanasati do Buda referem-se à experiência da meditação jhana e do insight, que são discutidos posteriormente.

Essa descrição é equivalente aos dois estágios atencionais finais, que conduzem diretamente a shamatha, o décimo estágio:

8. Unidirecionamento

Neste estágio, você desenvolve uma habilidade especial espontânea de fixar-se unidirecionalmente no objeto por quanto tempo desejar. Um pequeno esforço é necessário no início da meditação, e então você pode fluir naturalmente com a prática, sem interrupção e sem necessidade de mais esforços. O afundamento e a agitação sutis foram, portanto, eliminados com um pequeno esforço, através do poder da diligência entusiástica. Neste oitavo estágio, você atinge o *engajamento ininterrupto*, o que significa que a mente pode se concentrar numa absorção contínua no objeto de concentração. Isso contrasta com todos os estágios anteriores, que são atingidos com um engajamento intermitente.

Neste estágio, você pode sustentar uma atenção altamente concentrada por cerca de três horas, e a sua mente está imóvel como um oceano sem ondas, perturbada apenas por ondulações ocasionais.

9. Equanimidade

No nono estágio, ocorre a entrada e a permanência sem esforço na meditação profunda. A mente se posiciona no objeto por conta própria, de forma espontânea e livre de esforço. Isso é atingido por meio do poder da *familiarização completa* e do engajamento espontâneo. A mente, agora, está perfeitamente pacificada e o surgimento de embotamento e agitação sutis não é nem sequer possível, e você pode sustentar uma concentração perfeita por ao menos quatro horas. Porém, se você descontinuar sua prática, então o embotamento e a agitação ainda poderão erodir o seu equilíbrio atencional, uma vez que não foram completamente eliminados.

51

Atingir este nono estágio atencional é a maior realização no "reino do desejo", que descreve o estado mental dos seres humanos. Isso conduz naturalmente ao atingimento de shamatha.

10. O Atingimento de Shamatha

Quando shamatha é, de fato, atingida, há uma transição radical no corpo e na mente, e você se sente como uma borboleta que emerge de seu casulo. Sua mente, neste estágio, está além do reino do desejo, e você agora tem acesso ao *reino da forma*, uma dimensão sutil de consciência que transcende o reino dos sentidos físicos.

Essa mudança se caracteriza por experiências específicas que ocorrem em um curto espaço de tempo. Primeiramente, um vento poderoso entra pelo topo da sua cabeça e se dissolve por todo o corpo, e você sente como se tivesse sido preenchido pelo poder de uma energia dinâmica extática. Tanto o seu corpo quanto a sua mente estão, agora, imbuídos de um tipo especial de maleabilidade, fazendo com que o corpo se sinta vibrante e livre de disfunções físicas, e preenchendo a mente com uma sensação de uma alegria incomensurável. Você tem a sensação de um frescor completo e de uma capacidade mental ampliada - sua mente se torna, portanto, como uma lamparina a óleo, que não é perturbada pelo vento e permanece clara e brilhante, sem ser movida por coisa alguma.

Uma vez que você tenha atingido shamatha, você poderá entrar nesse estado quando quiser e meditar por tanto tempo quanto desejar, sem interrupção, e você poderá até mesmo sobreviver sem necessidades básicas como comer, beber ou dormir. Durante a meditação, sua atenção está completamente recolhida dos sentidos físicos, dos pensamentos discursivos e das imagens mentais, embora você possa deliberadamente emergir da meditação após um período determinado. Contudo, as tendências aflitivas não foram completamente erradicadas, e emoções intensas ainda podem emergir sob certas condições. Se, por outro lado, você for capaz de renunciar genuinamente às preocupações mundanas e desejar atingir a liberação do sofrimento, você pode utilizar shamatha como uma ferramenta para obter insight direto sobre a natureza da impermanência, do sofrimento e da ausência de um "eu" inerente. Isso pode levar à eliminação completa de todas as emoções e estados mentais aflitivos, uma vez que, quando você percebe que não existe um "eu", esses estados mentais não têm nada em que possam se prender. Isso é o nirvana.

VI. Um Sumário do Caminho de Shamatha

Tradicionalmente, os nove estados atencionais que conduzem à shamatha são representados por um desenho com um elefante, um macaco e um monge, como mostrado abaixo. Cinco símbolos representam os objetos dos sentidos, os objetos que agitam a mente. O elefante negro representa o embotamento mental grosseiro, o macaco negro representa a agitação grosseira e o monge simboliza o meditador.

9 Estágios Progressivos do Desenvolvimento Mental: Os Seis Poderes do Estudo, Contemplação, Memória, Compreensão, Diligência e Perfeição

Inicialmente, o macaco negro tem total controle sobre o elefante, significando que você é naturalmente controlado pelas distrações. O monge, inicialmente, trabalha muito duramente para tentar pôr a mente sob seu controle, e o fogo simboliza o grande esforço que é necessário. Com o esforço persistente, o monge gradualmente começa a controlar o elefante, e, assim, com uma grande disciplina, você começa a superar a agitação. O elefante se torna gradualmente mais branco, o que significa que o embotamento grosseiro está sendo lentamente erradicado por meio do esforço da meditação. Porém, neste ponto, uma pequena lebre negra surge sobre o elefante, significando o embotamento sutil. Continuando diligentemente a prática de meditação, você chegará ao próximo estágio, no qual o macaco perdeu o controle sobre o elefante, mas, ocasionalmente, ainda tenta interromper. Isso significa que você tem apenas dificuldades ocasionais com a agitação e o embotamento mental.

Gradualmente, o macaco interrompe cada vez menos, e o monge adquire um maior controle sobre o elefante. O elefante se torna progressivamente mais branco, até se tornar completamente branco. Nesse ponto, o macaco não é mais capaz de controlar o elefante. Por fim, você chega ao estado em que sua mente foi completamente pacificada e você pode controlá-la plenamente, ao invés de ser movido por suas emoções. Isso é representado pelo monge que medita sentado sobre o elefante. Nós também vemos duas linhas iridescentes que emergem do coração do monge, que simbolizam o desenvolvimento de poderes sobrenaturais com o domínio da meditação shamatha. Você, então, adquiriu a habilidade de concentrar a mente unidirecionada no desenvolvimento do insight, ou meditação vipashyana. Dependendo do tipo de caminho que você estiver seguindo, você poderá, então, progredir por diversos estágios de aprofundamento do insight, até que você finalmente alcance a iluminação.

De acordo com a tradição Theravada, a realização de shamatha utilizando a respiração como objeto leva você até o limiar da experiência dos jhanas, estados de concentração que são ainda mais brilhantes e poderosos, e estes levam diretamente ao insight. O Buda resumiu esse caminho na afirmação de que a atenção plena à respiração era "uma coisa que, quando desenvolvida e cultivada, realizaria quatro coisas" – os quatro fundamentos da atenção plena. Esses quatro fundamentos são descritos como "quatro coisas que, quando cultivadas, realizariam sete coisas". Estas são *os sete fatores da iluminação* – atenção plena, investigação, discernimento, energia, alegria, tranquilidade, concentração e equanimidade. Esses sete fatores, então, foram descritos como "sete coisas que, quando desenvolvidas e cultivadas, realizam duas coisas" – o verdadeiro conhecimento e a liberação.

Os textos afirmam que são necessários, no mínimo, seis a doze meses de prática em tempo integral para atingir shamatha, porém isso varia significativamente entre indivíduos. Na tradição Jonang do Budismo Tibetano, pratica-se numa sala escura, com o objetivo de atingir shamatha, e para os melhores meditadores, isso pode levar apenas 100 dias. Porém, algumas práticas preliminares são geralmente necessárias para que o praticante possa se engajar nessa prática tântrica, uma vez que ela é bastante avançada.

CAPÍTULO 3
Os Obstáculos À Prática De Meditação

Conhecer os obstáculos à prática de meditação é essencial para a compreensão do estado atual da sua mente, e para a descoberta de como superar emoções e estados mentais contraproducentes. Os obstáculos que surgem durante a meditação são os mesmos que surgem na vida cotidiana, então ao aprender a superá-los, você estará desenvolvendo uma habilidade muito útil. Ter consciência dos obstáculos também pode ajudar você a "começar onde você está", e ter expectativas mais realistas em relação à prática, reconhecendo que leva tempo modificar certos hábitos que mantemos por toda a vida. Em um nível mais avançado, isso pode ajudar você a identificar precisamente em qual estágio do caminho da meditação você está, e como seguir adiante.

Na tradição Theravada são descritos cinco obstáculos – desejo sensorial, má vontade, inquietação, remorso e incerteza (ou dúvida). Cada um deles pode ser superado com remédios específicos, e, em certos estágios avançados de meditação, eles são completamente removidos. A tradição Mahayana, porém, fala de cinco falhas na prática de meditação, que ocorrem, em diversos graus, ao longo dos nove estados atencionais, e são superados pela aplicação dos oito antídotos correspondentes. Vou descrever primeiramente os cinco obstáculos e então explicarei as cinco falhas, juntamente com seus antídotos. A isso se segue uma descrição dos cinco métodos da tradição Theravada para remover as distrações mentais.

5 Obstáculos à Prática da Meditação.

I. Os Cinco Obstáculos

Os cinco obstáculos são gradualmente enfraquecidos e, finalmente, removidos, conforme você progride através do caminho
da meditação. Quando você começa a meditar e descobre o quão
barulhenta sua mente realmente é, eles podem dominar completamente a sua prática. Porém, com seu progresso na prática, eles
gradualmente diminuem, e você descobre uma mente que é naturalmente clara e lúcida.

Esses cinco obstáculos são:

1. *Desejo Sensorial*

Isso pode ser comparado a uma poça d'água misturada a
barro colorido numa floresta. Se você examinasse o reflexo
do seu rosto nessa poça d'água, você não o reconheceria e não
poderia vê-lo com clareza. De forma similar, ao residir numa
mente sobrecarregada pelo desejo sensorial e não saber como
escapar desse estado mental, você falha em ver a realidade
como ela é, e é incapaz de beneficiar a si mesmo e aos outros.
O desejo sensorial refere-se não apenas ao desejo descon-
trolado, mas também ao apego a objetos dos cinco sentidos
– objetos visuais, sons, cheiros, sabores e sensações táteis at-
raentes. A chave para superar esse obstáculo é abandoná-lo
pouco a pouco. Primeiramente, você pode aprender a permanecer atento aos objetos dos sentidos, sem reagir a eles, e
gradualmente você ficará menos inclinado a distrair-se ou ser
"arrastado" por esses objetos durante a meditação e na vida
cotidiana. Também pode ser útil tomar consciência de que a
maior forma de bem-aventurança ou êxtase, que frequentemente buscamos no desejo sensorial, só pode ser encontrada

quando *abrimos mão* de todo o desejo, como na meditação profunda.

2. *Má Vontade*

Isso é comparado a uma poça d'água numa floresta que é aquecida por baixo, fervendo e borbulhando. Se você examinasse o reflexo do seu rosto nessa poça d'água, você não o reconheceria e não poderia vê-lo com clareza. De forma similar, ao residir numa mente obcecada pela má vontade, você falha em ver a realidade como ela é, e é incapaz de beneficiar a si mesmo e aos outros.

O remédio para a má vontade é meditar na bondade amorosa, ou metta. A má vontade pode ser direcionada a você mesmo, a outra pessoa ou ao objeto de meditação. A má vontade em relação a si mesmo está frequentemente relacionada a sentimentos de culpa, expectativas irracionais em relação a si mesmo ou a crescer num ambiente desprovido de amor compassivo. Pode ser útil direcionar a bondade amorosa a uma criança jovem e inocente, que representa a pureza da sua verdadeira natureza. Você pode neutralizar a má vontade em relação a outros de uma forma similar, relembrando que todas as pessoas estão buscando a felicidade, assim como você, e expandir o seu círculo de metta para incluir tanto aqueles que são próximos como aqueles que estão distantes. A meditação pode parecer uma tarefa tediosa se você tiver má vontade em relação a seu objeto, então pode ser útil vê-lo como um amigo querido, aprendendo a amá-lo e apreciá-lo como se fosse seu único filho.

3. *Embotamento e Sonolência*

Isso é comparado a uma poça d'água numa floresta que está coberta por musgo, algas e limo. Se você examinasse o reflexo do seu rosto nessa poça d'água, você não o reconheceria e não poderia vê-lo com clareza. De forma similar, ao permanecer no embotamento e na sonolência, você falha em ver a realidade como ela é, e é incapaz de beneficiar a si mesmo e aos outros.

A chave para a superação do embotamento é, primeiramente, fazer as pazes e parar de lutar contra ele – do contrário, a mente tende a oscilar intensamente entre o embotamento e a agitação. Se você está num estado relaxado e começa a escorregar para o embotamento, é importante aguçar a mente, elevando sua vigilância, como se você estivesse andando na beira de um precipício. Você também pode refletir sobre a preciosa oportunidade que você tem de desenvolver a mente com a prática da meditação, ou sobre outros tópicos inspiradores. Porém, se você ainda se sentir cansado, é melhor simplesmente repousar, ao invés de forçar a meditação. Às vezes, o problema pode não ser o embotamento, mas sim a má vontade, uma vez que escapamos para o embotamento se não gostamos daquilo que estamos fazendo.

4. *Inquietação e Remorso*

Isso é comparado a uma poça d'água numa floresta que é perturbada pelo vento, agitada por redemoinhos e ondulações. Se você examinasse o reflexo do seu rosto nessa poça d'água, você não o reconheceria e não poderia vê-lo com clareza. De forma similar, ao residir numa mente obcecada por inquietação e remorso, você falha em ver a realidade como ela é, e é incapaz de beneficiar a si mesmo e aos outros.

A inquietação é superada pelo cultivo de um senso interno de contentamento, livre de expectativas e feliz em permanecer imóvel e silenciosa. Também pode ser útil relaxar a meditação, e assegurar-se de que o corpo está relaxado. O remorso está relacionado a uma consciência inquieta, e se esse for o caso, ele pode ser neutralizado com o perdão de nós mesmos e com o aprendizado com os nossos erros, reconhecendo que todas as pessoas cometem erros. Mais remédios para um estado mental agitado serão descritos mais adiante.

5. *Incerteza or Dúvida*

Este obstáculo surge quando você é perturbado pela indecisão, sendo incapaz de decidir que ação tomar e de realizá-la. Isso se refere à incerteza em relação aos ensinamentos do Buda, ao professor ou a você mesmo, e pode ser comparado a uma poça d'água numa floresta que está turva, inquieta e barrenta. Se você examinasse o reflexo do seu rosto nessa poça d'água, você não o reconheceria e não poderia vê-lo com clareza. De forma similar, ao residir numa mente tomada pela incerteza, você falha em ver a realidade como ela é, e é incapaz de beneficiar a si mesmo e aos outros.

A incerteza em relação aos ensinamentos do Buda pode ser superada ao examiná-los e refletir sobre os benefícios de segui-los. Ao estudá-los e praticá-los, e ao buscar encorajamento em amigos espirituais, você pode adquirir clareza mental e uma fé baseada na razão e na experiência direta. A incerteza em relação ao professor, por sua vez, é superada por meio de um exame cuidadoso, até chegar à conclusão de que ele é confiável. Já a dúvida em relação a si mesmo pode ser superada com determinação e com uma orientação habilidosa; você deve ter consciência, porém, de que isso frequentemente coexiste com outros obstáculos, como o embotamento ou a má vontade em relação a si mesmo.

E se, através da prática, você for capaz de superar esses obstáculos? Isso é comparado a uma poça d'água numa floresta que não está misturada a barro colorido, que não está fervendo e borbulhando, que não está coberta de musgo e limo, que não é agitada pelo vento e que não está turva e barrenta, mas que, ao invés disso, está limpa, serena e tranquila; então, se você examinasse o reflexo do seu rosto nessa poça d'água, o reconheceria claramente e o veria como realmente é. Assim, também, quando você atinge um estado mental que não está mais obcecado pelo desejo sensorial, pela má vontade, por embotamento e sonolência, por inquietação e remorso ou pela incerteza, você verá a realidade como é, e realizará o bem para si mesmo e para outros.

II. As Cinco Falhas e os Oito Antídotos

As cinco falhas e os oito antídotos nos oferecem uma estrutura eficiente para reconhecer e superar os obstáculos que interferem em nossa habilidade de meditar. Eles descrevem os diferentes obstáculos para a meditação bem-sucedida, que emergem enquanto você progride ao longo dos nove estados atencionais que conduzem a shamatha. O conhecimento dessas falhas e de seus antídotos pode ajudar você a lidar com elas o mais rápida e efetivamente possível, não apenas durante a meditação, mas também na vida cotidiana.

As cinco falhas incluem: preguiça, não saber ou esquecer-se das instruções, embotamento e agitação mentais, subaplicação e superaplicação. Os oito antídotos, por sua vez, são: aspiração, fé, diligência, maleabilidade mental, consciência, atenção plena, aplicação de remédios e equanimidade. As cinco falhas, assim como seus antídotos correspondentes, são descritos a seguir:

1. *Preguiça (antídoto: aspiração, fé, diligência e maleabilidade mental)*

A preguiça é um grande obstáculo à prática de meditação, e também para atingir outros objetivos. A preguiça não se refere apenas a ficar sem fazer nada. Há três tipos de preguiça:

1.1 Complacência

Isso se manifesta como não desejar meditar, ou não estar disposto a praticar, tendo uma falta de desejo ou desinteresse em meditar.

1.2 Falta de autoconfiança

Isso se refere a uma falta de autoconfiança em sua habilidade de meditar e atingir shamatha ou quaisquer outras realizações.

1.3 Estar habitualmente ocupado

Isso significa ocupar-se com muitas tarefas desnecessárias, e também é conhecido como *preguiça ativa.*

Tomar consciência dessas tendências é vital. A preguiça pode ser superada com o desenvolvimento da fé nas excelentes qualidades da concentração meditativa e com a aspiração de atingir essas qualidades. Somente então nós iremos valorizar a prática da meditação o suficiente para torná-la uma prioridade em nossas vidas. Essa fé e essa aspiração nos inspiram a desenvolver a diligência e o esforço alegre, que eventualmente trarão uma maleabilidade bem-aventurada e um conforto alerta à mente. Por meio do poder da familiaridade, você atingirá uma maleabilidade tanto física quanto mental, uma flexibilidade única de corpo e mente.

Se você ficar desencorajado por não sentir que está progredindo, pode ser útil reconhecer o incrível esforço que realizamos em outras áreas de nossas vidas, como criar os filhos ou aprender uma profissão – que frequentemente levam anos para ser dominadas. Se nós realmente refletirmos sobre os benefícios da meditação, podemos chegar à conclusão de que vale a pena devotar uma quantidade similar de esforço à tarefa de desenvolver nossas próprias mentes.

2. *Não Saber ou Esquecer-se das Instruções (antídoto: atenção plena)*

Isso significa que o objeto de meditação ou outras instruções não foram aprendidos, ou foram esquecidos, de forma que a mente perambula com frequência para outros objetos. Mudar o objeto de meditação com muita frequência, especialmente dentro de uma única sessão, também é um obstáculo ao atingimento da concentração unifocada. O remédio para isso é a atenção plena, que permite que você retenha o objeto de meditação e impede que você se esqueça das instruções. A atenção plena também se refere tanto a lembrar-se das instruções de meditação quanto a engajar a mente de forma que ela seja "preenchida" pelo objeto.

Ao mesmo tempo em que você está plenamente atento, você também pode começar a desenvolver a vigilância. Isso significa observar a própria mente que medita, e detectar quando a mente se afasta do objeto, mesmo que de uma maneira sutil, de forma que você possa aplicar o remédio adequado. É como um comentador não-participante que relata aquilo que está acontecendo, mas sem realmente participar.

3. Embotamento e Agitação Mentais (antídoto: vigilância)

3.1 Agitação Grosseira:

Durante os estágios iniciais da meditação, a mente está agitada e vagueia frequentemente em direção a objetos externos. Essa agitação ocorre quando a sua concentração é mantida de uma forma tensa demais, ou quando há muita tensão no seu corpo, que não está suficientemente relaxado. Como a mente se afasta completamente de seu objeto de foco, isso, geralmente, é bastante fácil de detectar. No início, porém, pode levar alguns minutos até que a mente realmente perceba que o objeto se perdeu. A agitação grosseira pode ser comparada ao movimento de uma nuvem, que é facilmente reconhecível quando ocorre. Em geral, a aplicação do remédio não é muito difícil neste estágio.

Remédio

Há diversos remédios, que são adequados para diferentes indivíduos. Você pode abaixar o objeto, imaginando que ele se torna mais pesado, posicionar a língua atrás dos dentes inferiores, fechar os olhos por alguns instantes ou concentrar-se nas sensações corporais e fazer com que todo o corpo relaxe. Se a mente estiver muito estimulada e precisar ser tranquilizada ou subjugada, pode ser útil meditar sobre um tema sério, como a natureza do sofrimento da existência cíclica ou a iminência da morte. Uma outra técnica para subjugar a mente é visualizar um ponto negro próximo ao seu assento. Se você estiver muito inquieto, realizar exercícios físicos poderá fazer com que você se canse, de forma que a mente vagueie menos, e uma dieta pesada e gordurosa também terá esse efeito. Inicialmente, os pensamentos errantes são difíceis de detectar, mas com o tempo e com a prática, essa consciência se torna natural.

3.2 Embotamento Grosseiro

Isso surge quando a mente está turva ou sonolenta e não há clareza, uma vez que a mente está excessivamente recolhida para dentro e está no limiar de cair no sono. Aqui, clareza se refere a um estado mental lúcido, fresco e luminoso, e não ao objeto de meditação.

Remédio

Você pode elevar o objeto de meditação ou torná-lo mais claro ao elevar ligeiramente seus olhos, ou ao prestar uma atenção maior a seus detalhes, como se você fosse cair da beira de um precipício se perdesse o objeto de vista. Você também pode despertar a mente ao lembrar-se de algo bom ou inspirador, como as qualidades das Três Jóias, ou dirigindo-se a um lugar elevado com uma vista ampla. Uma outra técnica para clarear a mente é imaginar uma luz branca na sua testa, entre os olhos. Permanecer em um lugar fresco ou onde sopre uma brisa suave também irá despertar a mente, assim como borrifar água no rosto, exercitar-se ao ar livre e aderir a uma dieta leve.

Você deve tomar muito cuidado, porém, para distinguir entre o cansaço devido à preguiça ou ao sono excessivo e o cansaço em que você genuinamente precisa repousar. Também vale a pena ter consciência de que a má-vontade ocasionalmente se manifesta como cansaço. Se você genuinamente precisa descansar, você continuará a sentir-se cansado, a despeito da aplicação dos remédios acima. Nesse caso, é importante descansar, uma vez que esforçar-se excessivamente pode ser contraproducente.

3.3 Agitação Sutil

Isso é mais difícil de reconhecer, ocorrendo quando uma parte da mente repousa confortavelmente sobre o objeto de meditação, enquanto outra parte se distrai para outro objeto sem que você perceba. Isso pode ser comparado a um macaco que se move rapidamente, que é muito mais difícil de detectar.

Remédio

Para remediar a agitação sutil, você deve desenvolver uma vigilância particularmente intensa e poderosa. Isso não pode ser obtido por meios intelectuais, mas apenas através de sua própria experiência e prática. Por meio do impulso obtido com a prática repetida, sua mente eventualmente será capaz de identificar a agitação sutil assim que ela surge e retornar rapidamente ao objeto.

3.4 Embotamento sutil (afundamento)

A falha do embotamento sutil, ou afundamento, normalmente não é reconhecida por iniciantes porque eles geralmente estão muito agitados. Ela é reconhecida somente quando um meditador é mais avançado e tem a habilidade de concentrar-se no objeto com algum grau de estabilidade, geralmente durante o quinto estado atencional. O embotamento sutil ocorre quando há fixação e alguma clareza, mas sem intensidade – isso significa que há pouca vitalidade ou força para sustentar o objeto. Isso é muito mais difícil de detectar e eliminar. Muitos meditadores, na verdade, ficam presos aqui, acreditando que sua meditação está indo muito bem. Essa é uma armadilha comum.

Remédio

O remédio para o afundamento sutil é o desenvolvimento de uma intensidade particularmente forte, poderosa e vívida, que só pode ser desenvolvida com uma disciplina incrível. Isso não é algo que possa ser descrito intelectualmente, mas apenas experimentado por praticantes habilidosos.

Também pode ser útil refrescar a mente com a reflexão sobre um tema inspirador, como a gratidão em relação ao seu professor do Dharma, os benefícios do nascimento humano precioso ou a aspiração a atingir a iluminação. Esses pensamentos exaltam e elevam a mente.

4. *Subaplicação (antídoto: aplicação de remédios)*

Isso significa não tomar ações suficientes para corrigir o embotamento, a agitação ou a preguiça no momento em que surgem. Você falha em aplicar o remédio, frequentemente porque está letárgico ou complacente. O remédio aqui é agir e aplicar o antídoto relevante. Às vezes, pode ser útil interromper a meditação e caminhar um pouco por algum tempo, alongar o corpo, borrifar água fria no rosto ou sair para respirar ar fresco. Retornando ao seu assento, você verá que fica mais fácil retomar a meditação. Também pode ser útil trazer à mente os benefícios da prática de meditação.

5. *Superaplicação (antídoto: equanimidade)*

Este é o erro de aplicar remédios quando eles não são necessários, ou aplicá-los excessivamente. Um exemplo disso pode ser quando o afundamento e a agitação foram reconhecidos e corrigidos, mas você continua a aplicar mais ações corretivas.

O antídoto para esse problema é aplicar a "equanimidade". Em outras palavras, deixe estar.

Se você memorizar essas cinco falhas e oito antídotos, sua meditação deixará de ser uma questão de "acerto e erro", mas, ao invés disso, um processo dinâmico do qual você certamente se beneficiará. Para treinar-se para reconhecer essas falhas e aplicar os antídotos, pode ser útil, inicialmente, deliberadamente alternar entre relaxar e aguçar a mente. Por exemplo, você pode fazer algumas respirações profundas, dizendo "relaxe" com a expiração, relaxando sua postura, posicionando a língua atrás dos dentes inferiores, ou visualizar um ponto preto no seu períneo, e em seguida fazer algumas respirações, dizendo "alerta" com a expiração, endireitando sua postura, posicionando a língua atrás dos dentes superiores, e visualizando um ponto branco em sua testa. Conforme você progredir, seus ajustes se tornarão menos frequentes, e cada vez mais sutis, enquanto você aprende a reconhecer rapidamente o embotamento e a agitação e desenvolve, gradualmente, as habilidades de atenção plena e vigilância.

III. Cinco Formas de Remover Distrações Mentais

A tradição Theravada descreve cinco maneiras de remover distrações mentais, que são remédios adicionais aos obstáculos às práticas de meditação. Estas são instruções altamente práticas que podem ajudar você a superar pensamentos intrusivos e aquietar a mente, e não são relevantes apenas para a prática da meditação, mas também para a vida cotidiana. Os últimos remédios, geralmente, são efetivos se os anteriores tiverem falhado. Um ponto interessante é que essas técnicas também incluem muitas das técnicas que são utilizadas na psicologia moderna.

Essas cinco instruções são:

1. *Prestar atenção a estados mentais saudáveis*

Se pensamentos nocivos surgirem em conexão com o desejo, a raiva e a delusão, e você der atenção a outros pensamentos que são saudáveis, então os pensamentos nocivos diminuem e são eventualmente abandonados, e a mente se torna estável, unificada e concentrada. Isso é comparável a um carpinteiro que desloca e extrai uma cavilha grosseira utilizando uma cavilha fina.

Dois processos mentais opostos não podem ocorrer simultaneamente, assim como fogo e água não podem existir ao mesmo tempo. Por exemplo, você não pode sentir amor e ódio ao mesmo tempo, e, portanto, concentrar-se na bondade amorosa ajudará você a superar o ódio.

2. *Refletir sobre os perigos das distrações mentais*

Se pensamentos nocivos ainda surgirem, você deve examinar os perigos ou desvantagens de tais pensamentos, pensando: "eles são nocivos, repreensíveis e só resultam em sofrimento para mim e para os outros". Dessa forma, os pensamentos nocivos diminuem e são eventualmente abandonados. Isso pode ser comparado a uma mulher que gosta de ornamentos que fica enojada, chocada e humilhada se vir uma carcaça de cobra ou de um cão pendurada em torno do pescoço de alguém.

O Buda usou muitos exemplos para apontar os perigos de prender-se a pensamentos e emoções. Certa vez, ele os comparou à grama ou aos juncos à beira de um rio – embora você possa pensar que pode se segurar neles para subir para a

71

margem, eles se quebram e você é carregado para longe pelo rio. No Ocidente, a tradição da *terapia cognitiva* nos desafia a refletir sobre os perigos de pensar de uma forma específica e a analisar como poderíamos ver as coisas de uma forma mais realista.

3. *Não dar atenção às distrações mentais*

Se pensamentos nocivos continuarem a surgir, você deve tentar esquecer esses pensamentos e não dar nenhuma atenção a eles, e, dessa forma, eles diminuem e são eventualmente abandonados. Isso é comparável a alguém com olhos saudáveis que não quer ver as formas que surgem em seu campo de visão, fechando seus olhos ou desviando o olhar.

Isso significa que podemos nos treinar para não sermos arrastados ou nos fundirmos aos pensamentos e sentimentos dolorosos. Isso não significa que você os esteja evitando; pelo contrário, eles permanecem ali, na periferia da sua consciência, mas você se recusa a acreditar neles ou a deixá-los afetar a forma como você vive. No Ocidente, a tradição de Terapia de Aceitação e Compromisso (ACT) dispõe de uma variedade de "técnicas de desarmamento" para diminuir o impacto de pensamentos perturbadores.

4. *Suavizar a formação de pensamentos*

Se pensamentos nocivos ainda surgem, você deve voltar sua atenção para a suavização da formação desses pensamentos. Dessa forma, quaisquer pensamentos nocivos diminuem e são eventualmente abandonados. Isso pode ser comparado a um homem que está andando rapidamente e pensa "Por que estou andando rápido? E se eu andar devagar?" e decide caminhar lentamente. Então, ele poderia pensar "Por que estou andando lentamente? E se eu parar?", e ele pararia. Então, ele poderia pensar "Por que eu estou parado? E se eu me sentar?", e se sentaria. Por fim, ele poderia pensar "Por que estou sentado? E se eu me deitar?", e ele se deitaria. Dessa forma, ele abandonaria posturas que são mais grosseiras, dando preferência a posturas que são mais sutis. Assim, também, ao voltar a atenção para a suavização da formação de pensamentos, os pensamentos nocivos diminuem e são eventualmente abandonados.

No ocidente, há muitas técnicas baseadas em mindfulness e na atenção relaxada, que ajudam as pessoas a obter uma mente mais tranquila, que é menos afetada por distrações mentais.

5. Esmagar a mente com a mente

Se pensamentos e emoções nocivos ainda surgirem, então o passo final é derrubar e "esmagar" a mente com a mente, com os dentes cerrados e a língua pressionada contra o céu da boca. Isso é comparável a um homem forte que pega um homem mais fraco pela cabeça e pelos ombros e o derruba, contendo-o e esmagando-o. Desta forma, os pensamentos nocivos diminuem e são eventualmente abandonados.

Essa técnica lembra a abordagem tântrica de trabalhar com emoções intensas. Assim como um médico habilidoso é capaz de transformar um veneno em remédio, nós também podemos aprender a simplesmente reconhecer a energia bruta das emoções sem anexar uma história a elas, sem suprimi-las ou segui-las impulsivamente. Por exemplo, ao invés de deixar que a raiva te arraste em direção à vergonha ou à ação violenta, você pode reconhecer a clareza intensa e o cuidado profundo em seu núcleo. Você pode permanecer com essa emoção até que ela se dissolva, como um surfista sobre uma onda. No ocidente há técnicas similares de aceitar ou "liberar" emoções intensas, ao invés de evitá-las ou de se deixar levar por elas.

Esses cinco métodos para remover distrações mentais oferecem uma perspectiva renovada sobre como superar os obstáculos à prática de meditação, e também sobre como superar estados de conflito emocional na vida cotidiana. Familiarizar-se com essas técnicas pode ajudar substancialmente a sua prática de meditação, especialmente quando emoções intensas vêm à tona.

CAPÍTULO 4
Meditação Analítica

I. O Que é Meditação Analítica?

Enquanto shamatha enfatiza a tranquilização, a unificação e a concentração da mente, o objetivo da meditação analítica, ou *vipashyana*, é despertar a mente pela investigação da natureza da nossa experiência. Quando esse processo é construído sobre a fundação de uma mente tranquila, ele permite que você reúna os muitos conceitos diferentes da filosofia budista em uma compreensão unificada. Desta forma, investigar rigorosamente e adquirir uma *compreensão conceitual* desses assuntos constrói uma fundação para o atingimento do insight *não-conceitual* ou *direto*. Você poderá, então, ver diretamente as Quatro Nobres Verdades e os Quatro Selos. A impermanência, o sofrimento e a ausência de eu estarão, então, em seu interior, como parte da sua experiência.

Há muitos níveis diferentes de insight, e cada nível pode ser benéfico e ajudar a atingir uma visão mais realista e mais compassiva da realidade. Somente o nível mais elevado, porém, levará à erradicação completa das nossas emoções e estados mentais aflitivos. Para atingir esse nível, você deverá ter atingido um nível extremamente refinado de concentração - no mínimo shamatha. Embora a concentração momentânea possa lhe dar breves relances ou "flashes" de insight direto, especialmente se você estiver seguindo um caminho devocional, isso não será o suficiente para superar as aflições, a não ser que ela seja acompanhada por uma mente forte e estável.

Essa afirmação é corroborada pelo grande mestre Mahayana, Shantideva:

Tomando consciência de que aquele dotado de vipashyana,
por meio de shamatha, erradica as aflições mentais,
deve-se primeiramente buscar shamatha.

De forma similar, Asanga afirma que assim que shamatha tiver sido atingida, deve-se concentrar a atenção internamente, de forma unidirecional, na mente. A tradição Theravada concorda que o requisito mínimo para o verdadeiro insight (também conhecido como *entrada na correnteza*) é a mente de shamatha, uma vez que essa mente está temporariamente livre de obstáculos. Uma penetração maior, porém, pode ser realizada com os estados ainda mais refinados de concentração dos jhanas.

Isso não significa, porém, que você deve "postergar" a meditação analítica até depois de ter atingido shamatha. Primeiramente, é crucial desenvolver uma compreensão conceitual dos princípios centrais do budismo ("visão correta"), como as Quatro Nobres Verdades, as duas verdades e base, caminho e resultado, antes de embarcar no caminho – isso dará a você um mapa claro de como chegar ao seu destino. Em segundo lugar, é útil refletir continuamente sobre sua motivação de praticar o caminho e fortalecê-la ("intenção correta"), contemplando tópicos como a impermanência e a bondade amorosa – é essa intenção que determinará o resultado da sua prática. Em terceiro lugar, uma compreensão básica da sabedoria budista pode trazer grandes benefícios práticos à sua vida cotidiana – ela pode ajudar você a se tornar menos reativo, mais sábio e mais próximo dos outros.

O processo de meditação analítica, independentemente do nível em que você se engajar nele, envolve o que é conhecido como as *três ferramentas de sabedoria* – primeiramente, você ouve ou lê um ensinamento específico, então você o estuda e o contempla, e em terceiro lugar, você repousa com convicção em seu significado, com a concentração unidirecionada, tornando-o 'parte de você'. Este último passo é aquilo que realmente chamamos de meditação, uma vez que você já aprendeu sobre o ensinamento e contemplou seu significado, e agora você medita para estabilizá-lo na sua mente. Você está, portanto, seguindo um processo gradual, estabelecendo primeiramente a sabedoria através da escuta e, em seguida, a sabedoria através da contemplação que, por fim, leva à sabedoria através da meditação.

Primeiramente, vou descrever um método efetivo para analisar qualquer tópico de nossa escolha, e então irei explorar como podemos utilizar a meditação analítica para compreender diversos tópicos que são apresentados neste livro, relacionados tanto à verdade relativa quanto à verdade absoluta.

II. O Processo de Meditação Analítica

Para transformar um tópico específico em um objeto de meditação, você deve primeiramente formulá-lo como uma pergunta (por exemplo, "O eu existe no meu corpo?"), e, então, direcionar a mente para investigar como essa pergunta se aplica a você, sob a luz de todos os ensinamentos que você estudou. Você deve seguir dessa forma até que surja uma *sensação* de certeza e clareza (por exemplo, de que a minha mente tem somente o hábito de identificar-se com o corpo em certas ocasiões, mas não há absolutamente nenhum "eu" dentro dele!). Então você pode abrir mão da análise e repousar nessa sensação de certeza por quanto tempo ela durar, permanecendo em um estado mental mais receptivo.

Inevitavelmente, surgirão pensamentos discursivos, e você pode usá-los como uma deixa para recomeçar a análise, seja do mesmo tópico ou de um outro, utilizando seus pensamentos de uma maneira controlada. Quando, uma vez mais, você experimentar uma sensação de certeza e convicção, você repousa novamente, como antes. Dessa forma, você pode alternar entre a meditação de análise e a de repouso, gradualmente aprofundando e refinando a sua compreensão, para que você esteja preparado para experimentar a realidade não-conceitual da vacuidade.

Jamgon Kongtrul dá algumas orientações úteis a respeito de como alternar entre a meditação analítica e a de repouso, em seu *Tesouro do Conhecimento*:

> *Se devido à análise intensa a habilidade*
> *de repousar se deteriorar,*
> *Pratique mais meditação*
> *de repouso e recupere a quietude.*
> *Se devido ao repouso prolongado você perder a vontade*
> *de analisar,*
> *Pratique a meditação analítica para intensificar a clareza*
> *da mente.*

Jamgon Kongtrul

Assim, se você perceber que a mente fica agitada com a prática da meditação analítica, você deve deixar que ela se assente novamente, relaxando o corpo e praticando a meditação unidirecionada por algum tempo. Por outro lado, se a sua meditação de repouso leva ao embotamento, você pode aumentar a clareza da mente ao retomar sua análise. Além disso, quando você se habitua ao processo de alternar entre análise e repouso, você eventualmente atingirá um estágio em que cada vez menos análise é necessária para dar origem à certeza. Assim é importante que você enfatize a análise quando você começa a prática, e, posteriormente, passe rapidamente para a meditação de repouso quando você tiver mais habilidade.

III. Meditação Analítica e as Duas Verdades

Utilizando a ferramenta da meditação analítica, você pode contemplar qualquer tema sobre o qual você escolha direcionar sua mente. O caminho budista é estruturado de uma maneira que nos encoraja a ver a verdade relativa e a verdade absoluta como igualmente importantes, e, portanto, você deve contemplar as duas, sem negligenciar uma em detrimento da outra. A "verdade relativa" se relaciona com a forma como vemos a realidade cotidiana, enquanto a "verdade absoluta" é a verdadeira natureza dessa experiência. Elas são como as duas asas de um pássaro, e uma não pode se desenvolver completamente sem a outra. No início, você deve enfatizar a contemplação no nível da verdade relativa, uma vez que ele é mais importante para a sua experiência, e mais adiante você poderá dar mais ênfase à verdade absoluta. A iluminação, então, é a descoberta de que, na realidade, não há separação entre as verdades relativa e absoluta.

1. Verdade Relativa

Adquirir uma compreensão no nível da verdade relativa é crucial se você deseja atingir a iluminação, uma vez que é isso que determina a intensidade da sua motivação, assim como a forma como você age no mundo. Particularmente, você não pode atingir a renúncia sem a contemplação de tópicos como a impermanência, o sofrimento, o karma, a preciosidade da vida humana e os benefícios da liberação e da tomada de refúgio. Se você tem como objetivo a iluminação completa, é essencial contemplar e desenvolver bodhicitta, o desejo compassivo de conduzir todos os seres à liberação, sabendo que você só poderá realizar esse desejo com a revelação de sua própria Natureza Búdica. Além disso, se você estiver seguindo um caminho tântrico, é crucial compreender a suprema importância do professor do Dharma e contemplar o significado da devoção e da percepção pura, que é uma preliminar essencial para todas as práticas tântricas.

Uma contemplação muito útil para todas as pessoas é o tema da bondade amorosa, ou *metta*. Com essa contemplação, você pode adquirir a convicção de que todos os seres, assim como você, são igualmente dignos de amor e de compaixão. Um exemplo de tal contemplação aparece no *Metta Sutta*:

> *Que todos os seres sejam felizes e tranquilos; que suas mentes estejam contentes. Quaisquer seres vivos que existam – frágeis ou fortes, longos (ou altos), robustos ou médios, curtos, pequenos ou grandes, visíveis e invisíveis, aqueles que vivem longe ou perto, aqueles que nasceram e aqueles que ainda estão para nascer – que todos os seres, sem exceção, sejam felizes e tranquilos!*

Que nenhum deles engane a outro nem despreze qualquer pessoa em qualquer lugar. Que na raiva ou na má vontade, nenhum deles deseje mal a outro. Assim como uma mãe protegeria seu único filho, pondo até mesmo sua própria vida em risco, exatamente dessa forma, cultivemos um coração sem limites em relação a todos os seres. Que nossos pensamentos de amor sem limites permeiem todo o mundo – acima, abaixo e através – sem qualquer obstrução, sem qualquer ódio, sem qualquer inimizade.

Uma contemplação similar, baseada na tradição tibetana, é como se segue:

Comece pelo reconhecimento de que todos os seres, assim como você, estão buscando a felicidade e suas causas. Traga à mente uma pessoa próxima a você, uma pessoa neutra e uma pessoa que você talvez considere um inimigo, e pense em como todas elas estão igualmente buscando a felicidade e querendo evitar o sofrimento. Então, concentre-se na pessoa que é próxima a você, lembrando-se da bondade dela em relação a você e pensando: eu desejo que ela possa ser feliz... se ao menos ela pudesse ser feliz! Então traga à mente seu inimigo ou uma pessoa de quem você sinta algum ressentimento: eu desejo que ela possa ser feliz... se ao menos ela pudesse ser feliz! Você também pode trazer à mente uma criança pequena que representa você mesmo - inocente, pura, e digna de todo o amor compassivo do mundo: eu desejo que ela possa ser feliz... se ao menos ela pudesse ser feliz!
Você pode, então, incluir outras pessoas na sua contemplação, da mesma maneira como você adicionaria linhas

a uma planilha no computador, estendendo sua bondade amorosa à sua família, a seus vizinhos, ao ambiente imediatamente à sua volta, ao seu país e, por fim, a todo o mundo, envolvendo todos os seres vivos, sem exceção. Você também pode querer combinar isso à visualização de uma luz vermelha ou cor-de-rosa que surge de uma rosa no centro do seu coração, preenchendo todo o seu corpo. Você pode, então, estender essa luz para fora, envolvendo o ambiente à sua volta e tocando todos os seres vivos com a luz e o calor da bondade amorosa.

2. Verdade Absoluta

Uma análise profunda da verdade absoluta é o segundo aspecto vital do caminho budista, assim como uma compreensão conceitual correta da vacuidade ou da ausência de "eu" irá garantir que você nunca se afaste do caminho correto. Conforme você progride no caminho, sua experiência começa a se alinhar com essa compreensão e, eventualmente, você poderá descartar a sua "compreensão conceitual", assim como deixamos uma jangada na beira do rio após termos cruzado para a outra margem.

De um ponto de vista Theravada, há diversas abordagens, ou "portas", para compreender a verdade última ("visão correta"), mas a essência de todas as abordagens são as *Três Marcas da Existência*: impermanência (*anicca*), sofrimento (*dukkha*) e ausência de eu (*anatta*). Por exemplo, observamos que os cinco agregados que constituem nosso corpo e nossa mente - forma, sensação, percepção e memória, formação mental e consciência – são impermanentes, incontroláveis e insubstanciais. Observamos, também, que os objetos dos sentidos, os órgãos dos sentidos, as consciências sensoriais e todas as experiências que encontramos possuem essas três características. A contemplação dos quatro fundamentos da atenção plena naturalmente leva à percepção da impermanência, do sofrimento e da ausência de eu, da mesma forma que as quatro instruções finais do ensinamento do Buddha sobre *Anapanasati*:

> *Eu inspiro consciente da impermanência,*
> > *eu expiro consciente da impermanência*
> *Eu inspiro consciente do desaparecimento,*
> > *eu expiro consciente do desaparecimento*
> *Eu inspiro consciente da liberação,*
> > *eu expiro consciente da liberação*
> *Eu inspiro deixando ir,*
> > *eu expiro deixando ir.*

Na tradição tibetana há, também, diversas abordagens da compreensão da vacuidade, porém todas elas seguem a filosofia Madhyamika, ou do Caminho do Meio. Essas contemplações nos levam não somente à compreensão da ausência de "eu" da pessoa, mas também da ausência de "eu" e da interdependência de todos os fenômenos. Na tradição Gelug, enfatiza-se a *inseparabilidade da vacuidade e da originação dependente*. Uma vez que os fenômenos são desprovidos de existência verdadeira, eles surgem em um processo de originação dependente, e uma vez que eles são surgimentos dependentes, eles são desprovidos de qualquer existência verdadeira ou substancial. Em contraste, a tradição Jonang chega à mesma conclusão por meio da análise das *três naturezas*. A base para a vacuidade da *natureza imputada* é a *natureza dependente*, e a base para a vacuidade da natureza dependente é a *natureza primordial* ou *definitiva*.

As tradições Kagyu e Nyingma, por sua vez, enfatizam a abordagem mais direta de fazer perguntas na meditação para penetrar na verdadeira natureza da mente. Um exemplo abreviado de tal contemplação, baseado nos ensinamentos de *Mahamudra* do nono Karmapa, é como se segue:

> *Observe a natureza da mente quando ela está imóvel ou tranquila e pergunte: Ela possui uma cor, uma forma ou um formato? Ela tem um surgimento, uma cessação, uma duração, ou não? Sua natureza é um estado de vazio completo, ou é uma luminosidade, clara e vívida?...*
>
> *De forma similar, deixe que um pensamento ou sensação surja e examine sua natureza: há um lugar de onde ele surgiu, um lugar onde ele permaneceu e um lugar no qual se dissolveu? Ele está localizado no exterior ou no interior do corpo? Seria a natureza do pensamento ou sensação uma consciência luminosa e clara, e haveria alguma diferença entre isso e a natureza clara e luminosa que você observou na mente tranquilizada?*
>
> *Então, você deve examinar a mente que reflete as aparências e em relação ao corpo: quando a mente reflete uma aparência (forma, som, sabor e assim por diante), seriam a mente e a aparência duas coisas separadas? Se não, como elas se relacionam? O corpo e a mente são a mesma coisa ou coisas diferentes?...*
>
> *Finally, you should examine the nature of the still mind and moving mind together: Do the still Por fim, você deve examinar a natureza da mente imóvel e da mente que se move, simultaneamente: a mente imóvel e a mente que se move surgem alternadamente? Seria a mente imóvel como um campo e a mente que se move que surge como uma plantação que cresce nele? Ou seriam as duas a mesma coisa, como uma corda e suas voltas (no sentido que não pode haver uma volta separada da corda)?*

Dessa forma você chega à compreensão da natureza da mente, ou vacuidade, por meio de *quatro insights*: a natureza da mente quando ela está imóvel (removendo o sujeito), a natureza da mente quando ela está se movendo (removendo o objeto), a natureza da mente em relação às aparências e ao corpo (removendo tanto o sujeito quanto o objeto) e a natureza das mentes que se movem e que não se movem simultaneamente (não removendo nem o sujeito, nem o objeto).

Uma abordagem similar, que envolve insights progressivos, é utilizada na tradição Zen (ou Chan). Isso é realizado com o uso de *koans* para penetrar a mente conceitual, tais como *qual era a minha face original antes que eu nascesse?*, ou *mu* (a resposta dada por um grande mestre Zen à questão: "um cachorro possui natureza búdica? Literalmente, isso significa "não"). Essas contemplações não podem ser resolvidas pelo raciocínio lógico, mas apenas pelo insight não-conceitual mais profundo, e os insights do aluno são repetidamente testados por um professor.

Essencialmente, a ferramenta da meditação analítica permite que você aprofunde sua compreensão tanto da verdade relativa quanto da verdade definitiva, e que você veja como isso se relaciona com a sua própria experiência. Você pode ver, gradualmente, como o insight sobre a verdade relativa leva a uma compreensão mais profunda da verdade definitiva, e quanto maiores forem a renúncia e a compaixão que você desenvolver, maior será sua capacidade de apreciar a natureza interdependente da realidade, e mais "livre de ego" você se tornará. Por outro lado, quando você aprecia como nada existe substancialmente ou independentemente, você adquire respeito, amor e compaixão profundos pelas outras pessoas.

CAPÍTULO 5
Objetos Avançados De Meditação

I. A Consciência Aberta como Objeto de Meditação

Embora o verdadeiro insight possa certamente ser adquirido por meio da meditação analítica, uma outra abordagem que algumas pessoas podem preferir é a meditação baseada na *consciência plena* ou no *estabelecimento da mente em seu estado natural*. Assim como a consciência da respiração, esse método é adequado para aqueles cujas mentes têm uma tendência à agitação ou pensamento compulsivo. Porém, para engajar-se corretamente nessas práticas, frequentemente é necessário ter completado práticas preliminares específicas.

Tendo atingido um certo grau de concentração, você pode, então, concentrar-se e permanecer atento à natureza da sua própria experiência, sem a necessidade de nenhum objeto específico de meditação. Dessa forma, você pode deixar que a mente libere a si mesma de todos os seus padrões habituais e gradualmente se estabeleça em seu estado fundamental. Você pode intensificar esse processo ao abrir os olhos e se concentrar no espaço à sua frente, simplesmente observando e acompanhando os pensamentos, as emoções, as percepções, as memórias e as sensações enquanto surgem e se dissolvem de volta nesse espaço vazio, mas sem se deixar levar por eles.

Na tradição Theravada, o *Satipathana Sutta* fala da atenção plena aos fenômenos, incluindo os cinco agregados, os objetos dos sentidos e outros objetos da atenção. Uma interpretação disso é deixar que a mente relaxe, entrando em um estado de "atenção plena sem fixação", simplesmente observando a mente enquanto os objetos surgem e se dissolvem de volta no estado de consciência plena. Na tradição Zen há uma prática similar, conhecida como *shikan-taza*, que frequentemente complementa o uso de koans como objetos de meditação.

Na tradição tibetana há uma grande variedade de técnicas de meditação que utilizam a consciência plena como objeto. Um texto da tradição Kagyu oferece as seguintes instruções para lidar com os pensamentos que surgem:

> *Não importa quais pensamentos surjam, apenas reconheça-os como o que são, posicionando sua atenção diretamente sobre eles, sem pensar "eu devo bloqueá-los", ou sentindo-se feliz ou infeliz. Apenas observe-os com o olho da consciência discriminativa, reconhecendo que eles são meramente o jogo da mente, e deixando que passem, sem prender-se a eles... como um desfile de personagens atravessando um palco.*

Na tradição Nyingma isso é ocasionalmente conhecido como *quietude*, *movimento* e *consciência*, e a instrução é dada da seguinte maneira:

> *Reconheça o movimento enquanto permanece na quietude,*
> *Quando o movimento ocorre, mantenha a base da quietude,*
> *Quando não houver mais nenhuma distinção entre quietude e movimento,*

Essa é a introdução ao unidirecionamento.

Portanto, quando o movimento surgir, você não deve fixar a quietude ou obstruir o movimento – ao invés disso, reconheça o movimento imediatamente, no momento em que ele surge. Então, simplesmente com o reconhecimento do movimento enquanto a base da quietude se mantém, o movimento se dissolverá de volta na quietude. Eventualmente, você chegará a um estágio vibrante, em que o movimento pode ocorrer dentro da quietude e a quietude pode acontecer durante o movimento, uma vez que o movimento não produzirá nenhuma distração.

O estado mental atingido com essa prática é caracterizado por três qualidades: bem-aventurança, luminosidade e não-conceitualidade. A mente permanece como o céu, vasta e espaçosa. Não importa o que se mova dentro dele, sejam nuvens, arco-íris ou trovões, o céu não reage. Você pode treinar-se para, como o céu, permanecer atento a tudo que surge na mente, sem prender-se a nada. A continuidade dessa prática pode levar a shamatha e ao insight direto, conforme você gradualmente descobre as três qualidades da mente iluminada – sua essência vazia, sua natureza cognoscente e a compaixão oniabarcante.

Na tradição Jonang, o estado de consciência plena não-conceitual é o foco da prática tântrica de shamatha em uma sala escura. A postura especial, com os olhos bem abertos olhando para a escuridão na altura da testa, é um método tântrico muito eficiente para "forçar" a mente a entrar no estado não-conceitual e utilizá-lo como objeto para a concentração unidirecional. Diferentemente dos métodos da maioria das outras tradições, nenhum processo de "questionar a natureza da mente" é necessário. Este é um método extraordinário, que enfatiza os aspectos sutis, profundos e únicos do caminho tântrico.

Um comentário final é que a prática da consciência plena (ou qualquer prática de meditação) pode ser intensificada se você passar algum tempo após a meditação relembrando as experiências que tiver vivenciado. Você pode anotar suas experiências em um diário, discuti-las com um parceiro ou parceira, ou simplesmente passar alguns minutos relembrando como foi a sua meditação, incluindo os pensamentos, emoções, associações, experiências sensoriais, imagens mentais e memórias que você encontrou durante a prática. Esse tipo de *consciência recordativa* pode aumentar enormemente a sua habilidade de manter a consciência ao longo da sua prática de meditação.

II. Os Jhanas como Objeto de Meditação

Os jhanas são estados mentais extremamente refinados, de bem-aventurança e absorção completas, que você pode experimentar após o atingimento de shamatha. Há, no total, oito jhanas, que são atingidos em sequência, que consistem em quatro *jhanas com forma* (em que um tipo sutil de forma está presente) e quatro *jhanas sem forma*, em que não há limites para a consciência e a percepção de qualquer tipo de forma desapareceu. Entrar nesses estados requer um completo abandono do controle, e o tempo em que você permanece nesses estados depende do "momentum" de concentração que você estabeleceu. Os quatro jhanas com forma podem levar você a estados de concentração mais profundos que shamatha e podem, portanto, ajudar você a desenvolver o insight, enquanto os quatro jhanas sem forma, em geral, não são muito úteis.

A entrada nos jhanas é descrita no décimo-segundo estágio do
Anapanasati sutta:

Eu inspiro liberando a mente, eu expiro liberando a mente

De acordo com essa instrução, entrar em um jhana é um processo de libertar completamente a mente, que envolve o afundamento ou o mergulho no objeto mental sutil que é o foco da sua meditação. Alternativamente, você pode ser envolvido por uma luz brilhante, juntamente com uma sensação de êxtase, enquanto você entra em um estado que é completamente bem-aventurado, mas totalmente atento e estável. Enquanto está absorto nesse estado, você não tem nenhum senso de localização espacial, incluindo o que está acontecendo com o seu corpo, e você também não pode ouvir, ver ou dizer coisa alguma.

De acordo com o budismo, os estados dos jhanas se igualam à experiência dos reinos da *forma* e da *não-forma*, onde, diz-se, os seres renascem ao se familiarizar intensamente com essas experiências de meditação e se apegar a elas. Porém, se você não se apegar a essas experiências e abordar a prática com a visão e a intenção corretas, os jhanas podem ser um objeto de meditação extraordinário. Especificamente, o quarto jhana pode ajudar você a adquirir uma concentração unificada excepcional, e após essa experiência, você poderá facilmente penetrar as verdades da impermanência, do sofrimento e da ausência de eu.

A mente atingida por meio da prática de shamatha é um tipo de mente do reino da forma, descrita como um estado preliminar ou de acesso à realização do primeiro jhana. Depois que isso é realizado, o primeiro dos jhanas é atingido através de sete estágios preliminares depois de shamatha. Cada um dos quatro jhanas da forma tem sete estágios preliminares, conhecidos como os sete posicionamentos da atenção, e eles só podem ser atingidos pela progressão sequencial através desses estágios. As descrições a seguir são apenas explicações aproximadas, uma vez que descrevem estados ou qualidades muito sutis da mente, que podem ser atingidos uma vez que a experiência de shamatha ocorre; descrições mais detalhadas estão disponíveis, mas estão além do escopo deste livro (na verdade, os monges tibetanos passam, tradicionalmente, muitos anos estudando esse assunto).

Esses sete posicionamentos da atenção são:

1. *Atenção Inicial*
   Neste estágio, você possui a atenção específica para iniciar a conexão com o estado de jhana.

2. *Atenção discriminativa*
   Neste estágio, há uma grande capacidade de discriminação, baseada na integração de estudo e reflexão.

3. *Atenção surgida da Convicção*
   A mente agora atinge uma qualidade especial de convicção.

4. *Atenção Isolada*
   Neste estágio, a mente possui uma capacidade de atenção que é totalmente livre de todas as distrações.

5. *Atenção da Alegria ou do Recolhimento*
   A qualidade desta mente é de convidar a alegria para si e de experimentar uma alegria excepcional.

6. *Atenção Analítica*
   A qualidade da mente, neste estágio, é de investigação e compreensão sutis.

7. *Atenção Integrativa Final*
   Este estágio final representa a completude das qualidades, alcançando, de fato, o estado mental de jhana.

Após emergir da meditação em um dos estados de jhana, você pode reconhecer o jhana específico ao identificar um conjunto específico de qualidades. Essas qualidades descrevem um estado mental que se torna progressivamente mais sutil, e que age como um antídoto aos cinco obstáculos – letargia, incerteza, má vontade, inquietação e remorso, e desejo sensorial. Embora eu esteja descrevendo essas qualidades com palavras específicas, elas são muito mais sutis e supremas do que essas palavras normalmente poderiam indicar. O primeiro jhana possui quatro qualidades: investigação e análise, alegria, bem-aventurança e unidirecionamento. Quando se chega ao segundo jhana, a primeira qualidade cessa, de forma que permanecemos com uma mente que repousa em um estado de alegria, bem-aventurança e unidirecionamento. O terceiro jhana é caracterizado por um estado de bem-aventurança e unidirecionamento, enquanto no quarto jhana, somente o unidirecionamento ou a equanimidade permanecem. A concentração é mais refinada no quarto jhana e se torna, assim, extremamente poderosa.

Para além do quarto jhana da forma, um meditador pode experimentar os quatro estados de jhana sem forma: espaço ilimitado, consciência ilimitada, nulidade e o estado além da percepção. Esses estados, porém, geralmente não são tão benéficos, uma vez que o estado mental se torna extremamente sutil, mas sem a concentração desenvolvida nos jhanas anteriores. O segundo desses estados, consciência infinita, pode, em certos casos, servir como uma plataforma para a compreensão da vacuidade, embora os outros estados sejam geralmente um obstáculo ao desenvolvimento da verdadeira sabedoria. Essa qualidade da mente nos jhanas sem forma é quase desprovida de percepção, sendo apenas uma forma ou experiência sutil da mente, e ela pode projetar o meditador para um renascimento nos reinos da não-forma, onde nenhuma forma física é percebida: nenhum som, nenhum cheiro, nenhum sabor, nenhuma sensação.

Uma vez que tiver atingido shamatha, você possui a habilidade de ver que o primeiro jhana é muito mais sutil do que a própria mente de shamatha. Percebendo a natureza sutil e pacífica da mente, você fica inspirado para praticar mais, com diligência, para atingir os níveis mais refinados dos jhanas do reino da forma. Uma vez que a absorção no primeiro jhana é atingida, você fica inspirado para acessar e absorver-se no segundo, no terceiro e no quarto jhanas. Após emergir desses estados, um alto grau de estabilidade e vivacidade é mantido conforme você se engaja em suas atividades diárias, quando sua mente retorna ao reino do desejo. Embora durante a meditação você abandone os pensamentos e emoções aflitivos que caracterizam o reino do desejo, eles ainda ocorrem entre as sessões, porém com frequência, intensidade e duração menores.

A poderosa concentração atingida nos jhanas também abre as portas para a obtenção de clarividência e de outros poderes sobrenaturais. Ao direcionar a mente para a lembrança de vidas passadas, podemos obter a percepção direta de muitas existências anteriores, relembrando a natureza da experiência de cada uma delas. Pode-se, também, desenvolver o "olho divino", que vê diretamente a morte e o renascimento dos seres e como eles se movem através dos diversos reinos da existência com base em suas ações. Além disso, podemos desenvolver a audição divina, conhecer a mente de outras pessoas e habilidades sobrenaturais que permitem o controle dos quatro elementos, como mover-se através de objetos sólidos, caminhar sobre a água ou voar pelo espaço. Porém, o desenvolvimento desses cinco tipos de habilidades extra sensoriais não significa que você atingiu a liberação.

O atingimento dos diversos jhanas pode levar ao renascimento nos diversos reinos da forma e da não-forma. Porém, os meditadores budistas geralmente não desejam renascer neles, uma vez que neles não é possível praticar o caminho do Buddha. O nascimento nesses reinos é livre do sofrimento grosseiro, mas, como todas as coisas, esse tipo de existência deverá, eventualmente, ter um fim. Uma vez que esse não é necessariamente o melhor lugar para praticar, tal nascimento pode ser um desperdício de karma positivo. Há, porém, casos excepcionais de praticantes budistas que buscaram o renascimento nesses reinos para pacificar aflições de forma rápida e temporária, embora a erradicação completa de suas propensões tenha que ocorrer mais adiante. Também há um estágio de realização no caminho Theravada conhecido como não-retorno, após o qual o praticante renasce espontaneamente no reino da forma antes de atingir o nirvana.

Referências

É possível ler de forma mais extensa sobre muitas das práticas mencionadas neste texto nos livros a seguir:

Bikkhu Bodhi (ed). *In the Buddha's Words: An Anthology of Discourses from the Pali Canon* (Boston: Wisdom 2005).

John Barter. *Mindfulness Meditations with John Barter.* 2 CD Set. (Sydney 2009).

Ajahn Brahm. *Mindfulness, Bliss and Beyond: A Meditator's Handbook* (Somerville: Wisdom 2006).

Ajahn Chah. *A Still Forest Pool: The Insight Meditation of Ajahn Chah.* Compiled by Jack Kornfield and Paul Breiter (New York: Quest, 1986).

His Holiness the Dalai Lama. *How to See Yourself As You Really Are: A Practical Guide to Self-Knowledge* (London: Rider, 2006).

The Ninth Karmapa Wangchuk Dorje. *The Mahamudra: Eliminating the Ignorance of Darkness.* (Dharamsala: Library of Tibetan Works and Archives, 2002).

Shar Khentrul Jamphel Lodro. *Unveiling Your Sacred Truth through the Kalachakra Path, Books One to Three.* (Melbourne: Tibetan Buddhist Rime Institute, 2016).

B. Alan Wallace. *The Attention Revolution: Unlocking the Power of the Focused Mind* (Boston: Wisdom 2006).

Sobre o Autor

Khentrul Rinpoche Jamphel Lodrö é o fundador e diretor espiritual da Dzokden. O Rinpoche é autor de muitos livros, incluindo *Unveiling Your Sacred Truth, The Great Middle Way: Clarifying the Jonang View of Other-Emptiness, A Happier Life, e* Tesouro Escondido do Profundo Caminho, disponível em português.

Rinpoche passou os primeiros vinte anos de sua vida pastoreando iaques e cantando mantras nos platôs do Tibete. Inspirado pelos bodhisattvas, ele deixou sua família para estudar em diversos monastérios sob a orientação de vinte e cinco mestres de todas as tradições do budismo tibetano. Devido à sua abordagem não-sectária, ele conquistou o título de Mestre Rimé (sem viés), e foi identificado como a reencarnação do famoso Mestre do Kalachakra Ngawang Chözin Gyatso. Ainda que o núcleo de seus ensinamentos seja o reconhecimento de que há um grande valor na diversidade de todas as tradições espirituais do mundo, ele se concentra na tradição Jonang-Shambhala. Os ensinamentos de Kalachakra (roda do tempo), transmitidos pelos Reis Kalki de Shambhala, contêm métodos profundos para harmonizar nosso ambiente externo e o mundo interno do corpo e da mente. Esse Tantra está diretamente conectado ao Karma da nossa Terra para concretizar a Era Dourada de Paz e Harmonia (Dzokden). Khentrul Rinpoche assumiu como sua missão de vida a difusão global desses preciosos ensinamentos em tantos idiomas quanto for possível para que possamos transformar verdadeiramente o nosso mundo, uma pessoa de cada vez, de dentro para fora.

A Visão Do Rinpoche

Dzokden foi fundado com o propósito expresso de apoiar Khentrul Rinpoche na realização de sua visão de maior paz e harmonia neste mundo. Como nossa comunidade continua a crescer e a se desenvolver, mais e mais pessoas estão se envolvendo com esse esforço extraordinário.

Para dar a você uma noção do escopo da visão do Rinpoche, nós podemos falar de oito objetivos que refletem as prioridades de curto e longo prazo do Rinpoche:

Metas Imediatas

Em última instância, felicidade genuína e duradoura só é possível por meio de profunda transformação pessoal. Agora mais do que nunca, nós precisamos de métodos para desenvolver nossa sabedoria e realizar nosso potencial maior. É por essa razão que o Rinpoche coloca tanta prioridade na preservação da Linhagem Jonang de Kalachakra. O Rinpoche se propõe a fazer isso de quatro maneiras:

1. Criar oportunidades de conexão com uma linhagem de Kalachakra autêntica e completa, em colaboração próxima com meditadores dedicados no remoto Tibete. Nosso objetivo é criar todo o suporte para se praticar o Kalachakra de acordo com a linhagem autêntica de mestres que têm mantido essa tradição por milhares de anos. Nós fazemos isso encomendando estátuas e pinturas, escrevendo livros e dando ensinamentos ao redor do mundo. Nós colocamos ênfase particular em assegurar a autenticidade de nossos materiais, nos valendo

da profunda experiência de meditadores altamente realizados que estão dedicando suas vidas a essas práticas.

2. Estabelecer centros de retiro internacionais para o estudo e prática de Kalachakra. Para poder integrar os ensinamentos em nossas mentes, é crucial ter a oportunidade de se engajar em períodos de prática intensiva. Portanto, nós estamos trabalhando para criar a infraestrutura necessária que apoiará e nutrirá membros de nossa comunidade a se engajar tanto em retiros de curta quanto de longa duração. Isso inclui a aquisição de terra e construção de tudo que seja necessário para conduzir retiros solitários e de grupo. Nosso objetivo a longo prazo é desenvolver uma rede de tais centros pelo mundo, formando uma comunidade global que apoie uma grande variedade de praticantes.

3. Traduzir e publicar os textos especiais e raros dos mestres de Kalachakra. O Sistema Kalachakra tem sido o objeto de incontáveis textos no curso da longa história do Tibete. Até agora, apenas uma pequena fração desses textos foi traduzida e disponibilizada no Ocidente. Embora os textos teóricos sejam importantes, nós focamos particularmente nas instruções essenciais que guiarão os praticantes dedicados a uma experiência mais profunda desses ensinamentos.

4. Desenvolver ferramentas e programas para uma experiência de aprendizado estruturada. Com grupos de estudantes espalhados pelo mundo, nós acreditamos que é importante tirar o maior proveito das tecnologias modernas para facilitar o processo de aprendizado de nossos estudantes. Nosso objetivo é desenvolver uma plataforma educacional online robusta que permita nossa comunidade internacional acessar programas de estudo de qualidade que sejam intuitivos, estruturados e atrativos.

Metas de Longo Prazo

Enquanto nós trabalhamos para alcançar a paz e harmonia supremas em nossas mentes, nós não devemos perder de vista o fato de que nós existimos no contexto de um mundo com uma grande diversidade de indivíduos. Esses indivíduos dão surgimento a uma ampla gama de crenças e práticas que por sua vez moldam a forma como nos relacionamos e interagimos uns com os outros. Nessa realidade interdependente é vital encontrar estratégias viáveis para promover maior tolerância e respeito. Para esse fim, o Rinpoche propõe quatro áreas específicas de atividade:

1. Promover o desenvolvimento de uma Filosofia Rimê por meio do diálogo com outras tradições. Com o desejo de sermos membros construtivos de uma sociedade plural, nós precisamos aprender formas de reconciliar nossas diferenças. Para esse fim, nós visamos ajudar as pessoas a desenvolverem qualidades positivas que promovam uma atitude de respeito mútuo, abertura a novas ideias e um desejo inquisitivo de vencer nossa ignorância.

2. Desenvolver modelos altamente realizados oferecendo suporte financeiro a praticantes dedicados. Para poder assegurar a autenticidade de nossas tradições espirituais, é imperativo que existam pessoas que efetivem as mais altas realizações. Portanto, nós visamos criar um programa financeiro de bolsas de estudos que apoie praticantes genuínos que desejam dedicar suas vidas ao desenvolvimento espiritual, a despeito do seu sistema de prática. Ao ajudar as pessoas a realizar os ensinamentos, elas se tornam modelos positivos para aqueles ao seu redor, inspirando e guiando as futuras gerações.

3. Realizar o grande potencial de praticantes femininas desenvolvendo programas de treinamento especializados. A cultura

tibetana tem uma longa história de cultivo de mestres altamente realizados por meio do treinamento intensivo daqueles que são reconhecidos como tendo grande potencial. Infelizmente, muito frequentemente a busca por potencial foi focada apenas em candidatos masculinos. O Rinpoche acredita que é cada vez mais importante ter modelos femininos fortes, altamente realizados, que possam ajudar a trazer maior equilíbrio ao nosso mundo. Por essa razão, nós estamos trabalhando para desenvolver um programa exclusivo de treinamento para prover às mulheres a oportunidade de realizar seu potencial espiritual. É nosso objetivo conceber um currículo específico assim como estrutura financeira para apoiar completamente todos os aspectos de sua educação.

4. Promover maior flexibilidade de mente e uma compreensão mais ampla da realidade através de programas educacionais modernos. Num mundo que está rapidamente evoluindo, nós precisamos repensar os tipos de habilidades que nós estamos ensinando a nossas crianças. As estruturas rígidas do passado são frequentemente mal equipadas para preparar os estudantes para os desafios que eles enfrentarão em suas vidas. Portanto, nós visamos desenvolver uma variedade de programas educacionais que possam ajudar as crianças a se tornarem mais flexíveis e mais capazes de se adaptar a seus contextos. Uma parte importante desses programas é o desenvolvimento de uma maior conscientização do papel que nossas mentes desempenham nas nossas experiências diárias. Nós também visamos trazer reformas ao sistema monástico de educação que ajudariam a torná-lo mais relevante para esse mundo moderno

Como Você Pode Ajudar?

Nada disso será possível sem seu apoio e participação. Essa visão necessitará de uma quantidade vasta de mérito e generosidade de múltiplos benfeitores ao longo de muitos anos. Se você gostaria de ajudar, então por favor não hesite em nos contatar:

Dzokden
3436 Divisadero
San Francisco, CA 94123
United States of America
office@dzokden.org
dzokden.org

تو که هستی ؟

در خیال بی‌خیالی، به زبان بی‌زبانی، به سفیدی به سیاهی،

به هرآنکه می‌پرستی،

به هر آنچه عهد بستی،

به فنا به راز هستی!

به خرد به وقت مستی،

تو بگو هر آن که هستی!

مشکن تو جام آن دل که شبی به رسم مردی

تو به عقدش عهد بستی!

نکنی پاره حریمش، نبری تو آبرویش،

بزنی زخم به رویش "تو که بودی و که هستی"!

نکند خوار کنی صاحب دلی!

آه او در آوری با یک دمی!

تر کنی چشم کسی از سوز غم!

اشک چشمی در نیاری با ستم!

۱۲

اینکه تو تو هستی و او نیست تو،

اینکه او بسته عنان بر خواست تو،

اینکه افسارش نهانی دست توست

بنده دیروز و امروز و همین فردای توست

اینکه تو صاحب و او بی منصب است!

اینکه تو قادر و او بی قدرت است،

دایماً یکسان نباشد دور دار

شاید آید یک زمان بر او مدار

جلی از دنیا که آن مال و منال

رفته رفته تار گردد یا رود رو به زوال

او همان همراه بی نام و نشان

روزگاری شاید از جبر زمان

در کنارت سر کند بی ادعا

مرحم تنهایی و درد و دوا

از تو تنها یادگارت کار توست

خانه و ملک و طلا تنها عیار یاد توست

از همین حالا بکار یک بذر نو

تا بیارامی به زیر سایه اش بر تخت تو

زندگی تابلوی خاطره هاست

زن

زن هوای نفس آدم بود

در کنارش ساربان سفر عالم بود

در خوشی ها همسر و در ناخوشی ها همراه

در غم و غصه مثال کوه محکم، تکیه گاه

همسفر در جاده های پر خطر

در کنارش بود تا صبح سحر

هم دبیر و هم مدبر بود او در کارزار

گه معشوق گه مشاور، هر زمان در اختیار

در مسیر راه زن بود همچو شمع

آب میشد ذره ذره ، روشنایی بخش جمع

زن بوقت بی ثباتی بود یارو همدمی بی ادعا

از برای زخمهایش نوش دارو ، مرحم زخم و دوا

در بهار زندگی معشوق رعنا خوش قبا

ناز و خوش منظر ، دلبر ، دلربا

خالق عشق و مخلوق وفا

جوهر اصل وجود، میل انسان به بقا

در تحمل بردباری بی رغیب

در صبوری صابر اما بیصدا

زن توی اسطوره مهر و وفا

شاهکار خلقت دست خدا

در غلتان ذره ای بی انتها

قیمتی تراز طلا اما چونان بی ادعا

تقدیم به تمام زنان و مادران دنیا

همسرم

دفترى من بازکردم تا سرایم چند بیت در وصف یار

یا کلامى در نهم از این نهاد بى قرار

خواستم از استوارى یابمش چندین کلام

یا که از همت ، جوانمردیش من سازم پیام

اینچنین یارى که از کوه است و نور،

از همه سختى او کرده عبور،

با دلى سرشار از ایمان و غرور،

بوده هر لحظه مرا سنگ صبور.

این ابر مردى که خود را کرده وقف

از براى همسر و اولاد هر دم کار سخت

راستى نتوان که وصفش کرد با این دو کلام

از توانش گرز رستم مى توانم برد نام

پس کنم با این کلام ساده ساز

تارها سازم ز سینه این همه ناگفته راز

همسرم ، یارم ، رفیق سالهای زندگی

کوه نورم ، پرغرورم

ای تو تنها مظهر بالندگی

تو پدر ، همسر برادر ، رهبری

از همه مردان عالم برتری

ای تویی تنها دلیل قدرت و سازندگی

سرفرازی ، مهرورزی ، افتخار ، پایندگی

از خدا خواهم دهد عمری به من

تا کنم جبران هر آن دادی به من

از بهارت مستم و از خاطرت بارغنی

در سرایم هر زمان دارم به لب نام علی

می نهم هر جا قدم با افتخار

چون مرا نام تو اید در کنار

۱۸

چون ندارم در توان ، گویم تو را حمد و سپاس

می‌کنم تقدیم قلبم را به تو بی دغدغه یا بی هراس

سینه بگشایم کنم تقدیمت این ناگفته شعر

از برای پاک میلاد تو در ماه این مهر

مسعود عزیزم تولدت مبارک

مرد

خانه امروز چه عطرآگین شده

رنگ و روی باغ ، گل آذین شده

همه جا حرف تو و زمزمه ها از بهر توست

شادی و لبخند گل از بهر نامیدن توست

کوه خسته از فراز و از نشیب زندگی

گشته است خم پشت تو از پیچ و تاب زندگی

صورتت گشته پر از چین و ، ابروها درهم گره

پشت تو خم گشته اما شانه ام دارد به آنها تکیه

دستهایت پینه بسته چشمهایت تار تار

لیک آغوشت برای ما همیشه باز باز

آن صدای پرغرورت نبض هستی در حیات

سرزنشهای زمان کرده طنینش کم ثبات

روز مرد بر تو مبارک همسرم در یک کلام

سایه‌ات باشد همیشه بر سر ما مستدام

مسعود جان ، روز مرد بر تو همسر عزیزم مبارک

لیلی و مجنون

سالها طی شد و هفتاد رسید

عشق لیلی نه کم و بلکه به سیراب رسید

گر تویی نیمه آن گمشده ماه

من همانم که شکست کوزه مجنون سر راه

عشق لیلی به زمان بند نبودش هرگز

قدر آن مجنون بداند که دلش را اِرُبود آن همه سال

گفتی از خستگی و پیری و شب‌های دراز

گفتی از خاطره‌ها که پُر بود از راز و نیاز

قصه قدیمی شعرا و قهر و آشتی‌ها

سر شب به انتظار اون یکی نشستن و گُشنگیا

سر هیچ و پوچ به هم گیر دادن و گلایه‌ها

هی با دَس جلو کشیدن و با پا پس زدنا

زیر چشم نگاه دزدی کردنا

بعدشم موس موس آشتی کردنو و عذرخواهی ها

چی شد اون روزها که لیلی ناز می کرد

واسه آشتی شدن، مجنون بی نوا بساطی ساز میکرد

دیگه اون روزا گذشت

لیلی قصه ما، دیگه آب و رنگ نداشت

کوزه ای نمونده بود

مجنون آرزو نداشت

دیگه وقت اون رسید که شود فاش این راز نهان

گفتن دوست دارم بی کوزه و شعر، اما به زبان

لیلی و مجنون این قصه ما دوباره باز

دست تو دست کنار هم یک دل و راز

به امید همسفر شدنِ تو این راه دراز

گفتن و خندیدن و رقصیدن با نوای ساز

کوزه شکسته را بند زنند با سرِ عشق

تا بماند یادشان زنده بعد رفتن به بهشت

سالوس

گویند که بالاتر از سیاهی نباشد رنگ

ناکرده گنه را نباشد نیاز به ادای ریا و نیرنگ

هر آن چه ظلم کردی به نام دین و خدا

کرده ای پنهان در ابای دروغ و ریا

سیاه کردی زندگانی خرد و کلان

بر هم زدی آرامش پیر و جوان

خون به چشم مادر شهید

قفل به کام شاعر و ادیب

ولی این بار قرعه به نام تو بود

جعبه سیاه مخزن قلب سیاه تو بود

آخر کار سالوس جز سیاهی نیست

جعبه سیاه بجز افشای رسوایی نیست

راست گفته اند از قدیم الایام

که بالاتر از سیاهی هیچ رنگی نیست!!!

دلنوشته ای از سوز دلم در این روزهای غبارآلود

ماه رخ

من مست می و محو رخ ماه توام

در مجمع دوستان هواخواه توام

گویند که می از قدح ماهرویان خوش است

چه رسد آنکه ساقی و پیمانه اش از دوست رسد

مستی و حال خرابم نه ز بهر می و پیمانه توست

این همه در گرو ناز نگاه رخ توست

گر ز من پرسی که چه خواهی از خدا

بی تأمل گویمت دیدن رخ ماه تو را

سایه ات همیشه روی سرمان

روی ماهت شادی مجمعمان

اشک و باران

روزای بارونی را دوست دارم

چون بارون نمی‌ذاره کسی اشکامو ببینه

روزای بارونی رو دوست دارم

چون آسمون پا به پام اشک می‌ریزه و غصه می‌خوره

روزای بارونی رو دوست دارم

چون زمین مثل دل من مرحم غصه‌های آسمون میشه

روزای بارونیرا دوست دارم

چون همراه اشکای من تموم کدورتای دل و مثل غبار روی درختها با

خودش می‌بره و پاک می‌کنه

و روزای بارونی و دوست دارم چون بعدش هم دل من و هم دل آسمون

یکباره با هم بازمی‌شه

داماد

در بر آزاده مردان زندگی کردن نشان خرد است

آن خردمندی که با او همرهی بی قیمت است

او که در وقت غمت یار و دلارام تو شد

بی خیال از مال دنیا همره راه تو شد

او که در سختی و ناکامی کنارت کوه بود

یا که همواره بسان سایه ات از دور بود

او که در سختی ، مشقت مرد بود

مهربان تر از برادر همسری همدرد بود

او که با چشمان تر هم راز شبهای دراز

سر به بالینش نهادی و بگفتی رمز و راز

در تحمل بی صدا سنگ صبور

در رفاقت با مرام و در سخاوت کوه نور

۲۹

کس نبود او را بجز یاری عزیز

سرو قامت پاک طینت بی نظیر

شکر باید صد هزاران بار از میلاد او

سالها باشی کنارش شاد و خرم همسر و همراه او

شهریار عزیزم روز تولدت مبارک عزیزم

روز مادر

سرزمین دل من جایگه مهر تو است

دیدگانم پر ز مهر روی چون ماه تو است

روزها با یاد تو شب می‌کنم

تا سحر با خواب تو طی می‌کنم

شادیت خنده به لب میاورد

گریه‌ات دل نگرانم می‌کند

خنده هایت زخم دل مرحم کند

غصه هایت تیغ بر جان می‌زند

یاد آن روزی که با هم بودیم

فارغ از حال خودت تا شب کنارم بودی

یا که در وقت خداحافظیم

با دعا بدرقه راه درازم بودی

یاد آن شب که سحر شد بی خواب

دستم در دست تو و تن بیمار

یاد آن صبح که بودی بی تاب

سر به بالین من خواب و تو بودی بیدار

با خدا زمزمه میکردی چند

توی دل غم ولی بر لب لبخند

سجده واجب من سجده به دستان تو است

تو خدایی منی و دل به درگاهت بند

پس به تو را به پاکی قلبت قسم

به ترنمهای اشک الود شبهایت قسم

بر ببخشم گر زمانی کرده ام حالت خراب

روی بر نا تاب از من گر که کردم ناصواب

کاش میشد تا تو را در باغ قلبم کاشتن

پیچکی دورت تنیدن تا همیشه بوی مادر داشتن

ساغرم عشقم تمام باورم

روز زیبایت مبارک ای گل باغ وجودم مادرم

تا ابد باهام بمون

قسم به این جاری آب

قسم به دریا به سراب

قسم به عطر گل یاس

قسم به شهر سرو ناز

تا ابد با من بمون

منو از خودم بگیر

مثل خون از تو رگام

تا بشم ز تن جدا

ببرم پیش خدا

اما از پیشم نرو

دلمو ازم بگیر

یه قلک بجاش بذار

تا که هر وقت با توام

از نگات پرش کنم

اما هرگز نشکنش

بذار بشه یادگار

تا ابد نگاه تو

تو خیالم موندگار

چشامو ازم بگیر

با خودت بردار ببر

تا وقتی نیستی پیشم

قلکم خالی نشه

اما هیچ وقت نگاتو ازم نگیر

مثل خورشید تو روزات

مثل ماه توی شبات

مثل سایه پشت پات

مثل جاده و سراب

تا ابد باهات میام

اینارو ازم نگیر

تا ابد باهام بمون

من و من بی من و ماه

تویی یک شب سیاه

صدای شرشر بارون توی ناودون

دیدن سایه وحشت تو غبار

بوی غم از دل خاک

وقتی که هجوم تلخ خاطرات

می‌پیچه تو دل باد

هق هق گریه بی‌صدای سار

مزه تلخ شراب

طپش قلب ترک‌خورده سنگ

لرزش برگ چنار

سرزنش‌های سیاهی به تن لخت گناه

زخم دوری رو دل تنگ زمستون

توی شبهای دراز

حسرت گم شدن نیمه ماه

حسرت دیدن عکس ماه تو آب

غم سرخوردگی و غربت و ترس

ناله سرد و غمالود درخت پیر تاک

زجه مادر داغ دیده شب

از غم هجر سحر توی یک شب سیاه

توی یک شب سیاه

من و من بی من و ماه

به پیشواز زمستان

یکی بود یکی نبود

خاتون قصه ما

وسط باغ گیلاس نشسته بود

تنها بود یه کمی دلشکسته بود

توی چشماش یه چیز نگفته بود

انگاری خیلی با سرما جور نبود

صدای خش خش برگا می‌ومد

از تو ایوون تو حیاط

صدای شر شر بارون می‌ومد

کم کمک دستا توی جیبا می‌رفت

نم نمک شال و کلاه و دسکشا

از توی پستوی خونه‌ها تو سرسرا می‌رفت

سرخی از گونهٔ گلها می‌پرید

عوضش سرخی رو گونه‌های آدمها می‌رفت

زرد و نارنجی می‌شد برگای سبز

سبزیشون تو دل ادما میرفت

یکی می‌شنیدم می‌گفت هوا پسه

انگاری سردش شده دلواپسه

می‌دیدم یکی از این قرقرو ها–س

مثل من از سردی و سرما و برف حرف می‌زنه

اما اون یکی دیگه،

واسه دیدنش دلش غنج میزنه

بعضیا دنیا را زیبا می‌بینن

برف و یخ ، برگای زرد و مثل رویا می‌بینن

براشون گرمی و سردی هوا خیالی نیست

دنیا رو اونجور که تو قصه‌ها زیباس می‌بینن

توی سرما توی اینستا پستای گرم می‌ذارن

توی گرما با رفیقا تو حیاط خونشون

دور هم جمع میشن و حرفای خوب خوب میزنن

یه کلام به صد کلام،

من از این همه گرفتم یه پیام

که دیگه وقتی که سردم می‌شه هی قر نزنم

روی برگا راه برم، از صداش لذت ببرم

توی چله زمستون به حیاط نگاه کنم

یه جوری اگر بشه

دل آدمها را از شادی و گرما پر کنم

اینا را گفتم که این زمستونو

با همه سردی قشنگتر ببینید

اگه مثل من بودید، یاد بگیرید

چشاتونو بشورید، دنیا بهتر ببینید

دلاتون گرم و زمستانتون شاد

دلنوشته ای کوتاه نوشته خودم تقدیم به دوستان و عزیزانم

نغمه جون یادت میاد

تو همون ماهی سرخی که تو حوض دلخوشی های گذشته

می خرامی با هزار ناز و کرشمه

تا به خاطرم بیاد هر چی میونمون گذشته

همه اون خواهری ها و حس های خوبی که کمتر کسی داشته

همه حرفای قشنگت که رو ذهنم جا نمی شه

یا اونا که مثل قصه همه مونده نا نوشته

همه بچگی هاتو ، همه خوش مزگی هایت

همه خاطرات شیرین رو کاغذ همه دل نوشته هات

خواهر خوشگل و نازم، یادته یک شب تو چله زمستون

همه جا یخ زده بود نشسته بودیم تو خونه کنار ایوون

برات از اول شب قصه می گفتم، قصه شاه پریون

تا به هم بیان چشمات

اون دو تا مروارید غلتون

یادته اون روز که من عروس شدم،

رفتی از ته زدی اون موهای قشنگت تو

۴۱

چون نمی خواستی برم ولت کنم

شاشیدی روی پای مسعود سر سفره عقدمون .

یادته اون روزا که تو خیابون سر و سیمه زیر بارون

می دویدی دنبال مدارک خواهرت حیرون

می دونستم که نمی شی منصرف راحت و آسون

تا خوشحالم کنی و بیاری از دل خواهرت بیرون

حالا از این همه حوض خاطرات

یک چیزی که همیشه مونده به یاد

اینه که یک جای قلب من مونده پر از مهربونیات

گرچه خیلی وقته که بزرگ شدی

خانم و زیبا و باوقار

اما باز موندی تو ذهنم کوچولو

اما پر نقش و نگار

برای خواهر کوچیکم نغمه

دختر پاییزی

همه پاییز و بهارش هنر دست خداست

اون خدایی که یه روز

تو را روی تابلوی زندگیمون نقاشی کرد

از همون روز تا هنوز مهر تو رو

توی قاب قلب مادر با قلم خالکوبی کرد

بین اون برگای زرد و خشک پاییزی شبی از شبای سرد

گلبهاری چشم بر دنیا گشود

اون بهاری که تو پاییز اومدو و

برگ سبز زندگی بر دفتر زرد طبیعت برگشود

نوبهاری در دل پاییز کز عطر تنش

سوسن و شب بو دوباره بر چمنزاران شدند

یاس و نیلوفر دوباره از برای دیدنش

در میان باغ عطراگین شدند

وقت شادی یار هم پیمان من

وقت غم او محرم و غمخوار من

سینه اش گنجینه اسرار من

قلب دریاگونه اش هم مخزن آلام من

تا تو را دارم دلم با تو خوش است

در کنارت زندگی کردن پر از آرامش است

هدیه ای ناچیز دارم کز دلم بر آمدست

تو ببخشم دخترم گر قافیه تنگ آمدست

بهاره عزیزم تولدت مبارک

در هجر برادر (از زبان مادرم)

تا تو بودی آسمان آبی بود

جویبار خاطرم از بودنت جاری بود

تا تو بودی یاسمن گل می‌داد

گل یاس رازقی بو می‌داد

تو که رفتی نوگل باغچه از بن خشکید

وز پسش هرزه علف دو رو بر آن رویید

تو که رفتی آسمان ابری شد

دل من از دوریت خالی شد

تو که رفتی همه خوبی‌ها رفت

خانه از عطر تنت خالی شد

دیگران سنگ صبورم را کجا یابد دلم

دیگران سیمای چون ماهت کجا پیدا کنم

۴۵

هرگز از یادم نرود آن دم آخر کز برم راهی شدی

داد کردی پاره کردی بند دل از این جهان فارغ شدی

رفتی و دیگر ندیدم روی تو

رفتی و خالی شدم از بوی تو

اون نسیم صبحگاهی کز مزارت رد شود

بوی مهرت ، خاطراتت را بیادم آورد

من تو را با عشق کردم رهسپار

رهسپاران دیار با افتخار

هم برادر بودی و هم یار من

در فراغت گشته ام من سوگوار

حسرت آن خاک دارم که تو را در بر نهد

آسمانی که تو را با خود به آبهای بی پهنا برد

می برم خاک مزارت را به خانه یادگار

تا شود آرام شاید این وجود بیقرار

روز میلادت که حک کردند نامت را به سنگ

با خودم گفتم که این باشد جفای روزگار

رسول عزیزم سالروز تولدت و پرواز ملکوتیت را به همه عاشقانت تبریک و

تسلیت میگویم .

بهترین مادر دنیا

هوا سرد است و من در حسرت دامان گرمت

بیاندزم دو دست بر گردنت خیره به چشمان سیاهت

بشینم در کنارت ساعتی چند

ببوسم دست لرزانت

کنم سجاده ات پر مشک و انبر

ببافم گیسوانت عاشقانه

شوم سیراب از آغوش پر مهر و صفایت بی بهانه

کنم افشا همه اسرار این دل

از اول تا به آخر با زبان کودکانه

شکایت ها کنم از این و از آن

مثال کودکان اما به ظاهر مادرانه

گلایه ها کنم از کار دنیا

از آن نامردمی ها و قضاوت های بس ناعادلانه

از آندوه دورنگی های مردم

از آن حرفای شیرین به ظاهر صادقانه

تویی که محرم اسرارم هستی

تویی تنها که هر دم تشنه دیدارم هستی

بیا مادر که من چشم انتظارم

از اندوه فراغت در عذابم

بیا تا از وجودت گرم گردم

زمانی با سخن های خوشت سرگرم گردم

بیا تا روی چشمانم قدمهایت گذارم

کلید قلبمو تنها به دست تو سپارم

تو ای زیباترین خلقت دنیا

مبارک بر تو باد این روز زیبا

به جرات ادعا دارم که از این دار دنیا

تو هستی بهترین مادر برای نغمه و نیلی و نیکتا

پیک شادی و بلبلک

پیک شادی خبر آورد که شنیدست رازی

نغمه مطرب و می، بساط ساز و آوازی

دیده آن نازپری خاطره سان می آید

کز بر ناز خرش عشوه کنان می آید

پیک شادی که بپرسید پی کی می گردی

شاه پری گفت پی اسب سپید قصه ام

محرم اسرارم و ناگفته های این دلم

شهریار سرزمین این دل بی پیکرم

ناگه آن یار بلند قامت رسید

در میان شهریارش را بدید

بوسه ای از او گرفت نازش خرید

دست بر گیسوی زیبایش کشید

پیک را گفتند رو آسیمه سر

این خبر را پیش آنهایی ببر

کز شنیدن شاد و خرسند می شوند

ساز و آواز رقص و غوغا می کنند

پیک شادی برد انسان این خبر

پیش یاران دوستان صبح سحر

پایکوبان نغمه خوان چه چه زنان

آن خبر می برد از کوه و کمر

در میان راه دیدش نوگلی

در برش بنشسته زیبا بلبلی

پیک را پرسید بلبل زیر لب

آن چه داری کز برایش در رهی

شاد و مسرور از برایش می دوی

پیک شادی گفت دارم من پیامی از طرب

می برم سوی عزیزان آن طرف

بلبلک آوای خوشحالی نداشت

در صداییش غم نه شادی رنگ داشت

پیک گفتا بهر چه رنگ باختی؟

دیده به ابر سیه انداختی؟

ناگهان بلبل چنان آهی کشید

گفت دانی ابر غران در ره است؟

وز پس آن سیل و طوفان

باد و بوران در مه است؟

پیک خندیدش به بلبل در نهان

با تأمل گفتش ای مرغ گران

هیچ دانی کین زمین و آسمان

با محبت بسته پیمانی گران

کز برای شادی ای دو جوان

اشک شادی بر نهند از بیکران

پایکوبی می‌کنند در آسمان

عشق‌بازی می‌کنند اما نهان

ساز و غوغا می‌کنند با این نشان

تا بخندانند و شادی گسترند در این میان

بلبلک ناگه پر و بالی کشید

قطره آبی را به گلبرگ گل زیبا بدید

از بر آن پیک شادی از زمین بر آسمان ناگه پرید

زیر باران بی هراس از باد و بوران می‌پرید

هر دو خیس از برکت باران شدند

از همه بوران و طوفان رد شدند

این خبر بردند و خرسند در پی یاران شدند

آسمان خندید و آنان در میان ابرها پنهان شدند

و بدینسان دوستان ، یاران عاشق فوج فوج

با دلی لبریز شادی موج موج

از برای وصل این زوج جوان

دسته دسته راهی یونان شدند

زیر بام آسمان این دو جوان

خیس باران ، مست و حیران در کنار دوستان

بوسه بر لب باده پر می زیر بام کهکشان

بر زمین پیوند آسمانی زدند

بلبلک مست و خرامان گشت باز

با لب خندان و با آوای ساز

در ره دیدار آن مستانه ناز

او نوای شادمانی کرد ساز

دیگر از سودای بوران هیچ پروایی نداشت

زیر باران می پرید و می پرید و غم نداشت

تا که در ره بار دیگر پیک شادی را بدید

راه او بر بست و سویش پر کشید

باز داری پیک خوش بهر طرب

پیک گفتش بی تأمل زیر لب

یادت آید ماه مهر پارسال

دور هم بودیم و می کردیم حال

خاطرت هست آن دو مرغ عشق را

آن شب رویلی و پیمان عشق آن دو یار

می روم به آن دیار، می روم به شهریار

تا به خاطر آورم آن روزها در جمع یار

تا بگویم شاد باش و زنده باد

بر هر آن کس پاس دارد عشق را با رسم یاد

تا که از می پر کنم من باده را

از برای شادی یک سال پر از ماجرا

چند بیتی بر آمده از عمق سینه تقدیم به خاطره و شهریار عزیزم

با آرزوی ادامه ی پیوندی همیشه عاشقانه

پسر زمستانی

پسرم آیا هرگز از خود پرسیده ای چرا اینجا سال نو با زمستان آغاز می‌شود .

یا که چگونه ریشه های عریان حیات

زیر خشم بیرحمانه سرمای زمستان تاب میاورند؟

پسرم ببین چگونه شاخه های بیجان درختان

لباس زمستانی به تن می‌کنند

گویی خود را برای جدالی سخت آماده می‌کنند ،

مبارزه ای برای بودن یا نبودن ،

و در این جدال تنها آنها می‌مانند که مقاوم ترند .

پسرم ، تو هدیه این فصل زیبا و پر عظمت هستی که در یکی از سردترین

روزهای سال گرمترین امیدها را با خودت برایم به ارمغان آوردی .

پسرم، امیدم، افتخارم، امیدوارم سال به سال شاهد سلامتی،

خوشحالی و پیشرفتت باشم و آرزو دارم از عرصه این جدال سخت سربلند

و پیروز گذر کنی تا روزی شاهد شکوفه های بهاری زندگیت باشم.

پسرم تولدت مبارک

سال نو مبارک

باز گویم که دلم تنگ شدست

بگو حالا چه کنم

خانه دوست همین اطراف است

ولی اما دیگر

دست ها دور از هم

نفسامان همه در حبس نقاب

تن مان تب دار است

لبها مان به دعا

نگران فردا ،

فرصت دیدن دوست

شاید از دست رود

قلبهامان ولی نزدیکترند

پس بیا تا که هنوز فرصت هست

کاری بکنیم

قلبها را باید شست

کینه‌ها را بزدود

تا که در این نوروز

با چراغ دلمان

سال نو را زسر آغاز کنیم

سپاس

دل من جایگه لطف شماست

سینه ام گنجینه مهر و صفاست

آنچه از دوست رسد بر دل من

صد هزاران برتر از در و طلاست

کاش باشم ذره ای لایق این مهر و وفا

یا توانم کرد جبران این همه لطف و صفا

حک کنم تک تک الفاظ شما بر دفتر شعر دلم

تا که هر روزم شود روز خوش میلاد باز

این همه دوستی و عشق ، همه نعمت خداست

پس هزاران شکر باید وز پسش حمد و سپاس

ای ماه بتاب باز

تو ماهی و من عکس تو در آب

تو مهری من و ثانیه ها دور از این تابش بی تاب

با عشق گره میزنی آن قلب پر از نور

بین منو آزاده و نیلوفر و نغمه ، از آن دور

تو باعث پیوند همه کون و مکانی

زیبایی دریا و زمین و آسمانی

سرمنشع خوشبختی و شادی

لبخند خدا بر لب خشکیده ملی

ما چشم براه یک نگاهیم

آن قبله پر برکت و آن دعای نابیم

ای یار تر از یار، ای مادر بردبار

ای عزیز تر از جان، ای مادر غمخوار

امروز همه‌گی گرد همیم و خنده بر لب

تا جشن بگیریم کنیم شکر از آن رب

ما را به تو نزدیک کند بار دگر باز

امید به فردا که شود راه و سبب ساز

ای ماه بتاب بر سرمان از پس این راه دراز

ای ماه بتاب باز ، ای ماه بتاب باز

تقدیم به ماه همیشه تابان آسمان زندگی من مادر عزیزم

عشق را در سیه چشم تو دیدم مادر

عشق را در سیه چشم تو دیدم مادر

چه بگویم که کسی راز نگاهت بشناسد ، مادر

من ز تو آموختم رسم وفا

یاد دادی تو مرا آیین مهر ، رنگ صفا

از کلامت من گرفتم نکته های پر بها

گه نصیحت ، گه دعا ، اما همه پر محتوا

در بهار زندگی آموختی تو رسم کار

در زمستان صبر کردن یا که بودن بردبار

گه مدارا مثل باران گه خروشان مثل سیل

گه لطیف مانند گل گاهی خشن مانند خار

کس که در دنیا نبودش نعمت مادر شدن

سخت باشد درک و فهم او همه از این سخن

آن که هر روزش بود ما را معلم مادر است

او نه یک زن یا که همسر ،

عاشقی مطلق به نام مادر است

کوتاه دلنوشته ای برآمده از عمق وجودم تقدیم به همه مادران خوب دنیا

روزتون مبارک فرشته های روز زمین

تشنه دیدار تو

امشب دل من حال و هوای دیدن روی مهت را دارد

در آینه ام نقش و نگار رخ تو می آید

آن مشکی چشمان تو با دل چه کند

آن خال رخ ماه تو دل ها را ببرد!

شیرینی لبخند تو چون شهد عسل،

این عاشق بیمار تورا

به دیار ناکجاباد برد

این شمع دلم تشنه پروانه توست

این شعله که بر شمع دلم میسوزد

در حسرت دیدار تو دیوانه توست

تقدیم به تو دختر خواهر عزیزم به مناسبت روز زیبای تولدت.

پدرم آرام باش

کاش بودی و می‌دیدی

تو حالم

در این خلوت شبهای تارم

پدرم ،

کاش مثل باد می وزیدی در باغ پاییزی خیالم

باور ندارم باور ندارم

باور ندارم که فانوس چشمان بی قرارت بی فروغ گشته است

باور ندارم که ناقوس قلب مهربانت خاموش گشته است

تو به بینهایت عشق پرواز کرده ای

و من در آنسوی دنیا در سوگ پروازت برگ ریزانم

پدرم آرام باش

دیگر غم ، غربت ، غصه و غیبت به پایان رسید

بالهای آرزو تورا به میهمانی خدا برده اند .

دیگر آزادتر و سبک بال تر از قاصدک ها به هر کجا بخواهی

پرواز خواهی کرد

ببین چه عاشقانه شقایق ها برای قدومت بستر سرخ گسترده اند!

آنجا دیگر فاصله ها معنا ندارند و دلتنگی واژای گمنام است

آن دوردست ها بال هیچ پروانه ای بر شمع نمی‌سوزد

و شبنم اشک بر رخسار گلهای باغ نمی‌خشکند

پدرم آرام باش!

حتی ثانیه ها به احترام عروجت متوقف شده اند

تا ساربان هستی تورا به غافله نور برساند

پدرم حال، تو را بیش از همیشه احساس می‌کنم.

دیگر برایت گریه نخواهم کرد

تو را به خدا می‌سپارم

پاییز زندگیت رنگارنگ و بالهای پروازت بی انتها

سالروز یازدهمین سال پرواز ابدیت را تسلیت میگویم

۶۷

تقدیم به تو دختر مهربونم

سلام ای مهربون ابر بهاری

تو که از رحمتت بر ما بباری

گهی خوشحال و گه آزرده خاطر

ولی آخر شفقت می‌کنی یا سازگاری

مثال رعد تندی می‌کنی گه

مثال برق پاکش می‌کنی با مهربانی

گرم روزی نیازم بر تو افتد

سوی حاضر کنارم برق و بادی

اگر خواهم ز تو هر چیز نایاب

کنی پیدا یی خشی با سخاوت آنچه داری

اگر روزی گره در کارم افتد

توی تنها که بازش می‌کند با هوشیاری

ولی آنگه که خود در معضل افتی

خودت حلش کنی با بردباری

من آخر گیج ماندم مات و مبهوت

۶۸

که تو متولد پاییزی یا اهل بهاری

هر آن هستی برای من تو ماهی

هزاران رنگ پاییزو به زیبای بهاری

زمن این تحفه ناچیز برگیر

که از دل سرزده با شرمساری

تولدت مبارک بهاره قشنگم

نیمه گمشده

باز برگی از خزان زندگی

بر زمین افتاد و عشق آغاز شد

در دلم سودای عشق ، آشفتگی

وز پسش شور و شرر همراز شد

گفتم ای دل این اشارت از چیست؟

دل بگفتا صد هزاران قصه از نو باز شد

من بگفتم من هراسم نیست هیچ از این ره پر خس و خار

دل بگفتا خس و خار عشق هم گلزار شد

گفتم آن سختی که وصفش را بگویند ، نباشد نزد یار

دیدگانم کور چشم دل ز عشق انوار شد

باز جام عمر من لبریز شد از عشق یار

گفت مستی باید تا سختیت هموار شد

در فراقش با دلم جنگیدم اما روزگار

زیر و رو شد، سرزنشها بر دلم آوار شد

دیده شاید فائق آید بر سر انکار یار

دل ولیکن له شود ویران شود در این مدار

از زمن می‌پرسی از این رسم دار

با تو گویم یک کلام از صد کلام

گر خودت پیدا کنی در چشم یار

آن زمان آن نیمه‌ی گم گشته‌ات شد آشکار

شب موعود

زمستان بود و شب تاریک و تنها

زمین سرد و زمان گیج و دل من پر ز غوغا

نبودم همدمی تا راز دل بر او گشایم

زبان دل کنم وا, راز دل از سینه ام بیرون کشانم

نمی دانم چه شد در این شب تار

خدایم برد از من هوش و ادراک

سبکتر از همیشه با دلی پاک

به سمتش پر کشیدم شاد و بی باک

دمی گشتم جدا از حال دنیا

سبک بال پر زدم بر بال رویا

به ناگه پر کشیدم تا به خورشید

بروی ابرها بودم من انگاه

شدم یک لحظه حیران زپروردگار

که بربست بنیان غم را از این کارزار

به دست سرنوشت اینگونه این بار

برایم هدیه آورد است بسیار

به زیر لب نوای شادمانی

در اعماق وجودم پادشاهی

نمی دانم کلید قفل قلبم را که بگشود

صدای بی صدایم را که بشنود

فقط دیدم تو در آغوشم هستی

شدم سرشار عشق و شور مستی

نمی شد باورم این خواب شیرین

حقیقت بود اما دیگر این رویای دیرین

تو بودی غرورم! طلوع سحر در همه تار و پودم

سرانجام سختی! سر آغاز هستی

۷۳

خدا را هزار بار ، شکرش که هستی

تو بودی و هستی تمنای مستی

نگیرد تو را هرگز از ما خدا

نباشد که افتی تو از ما جدا

تو باشی چو سایه بروی سرم

تویی پادشاه دلم ، تک پسر ، یاورم

تو ای تعبیر فال حافظم ، روح مسیحا

تو آن بوی خوشی ، مژده به دلها

علی جان مقدمت باشد مبارک

همیشه باشی و برپا شود این سوردی ماه

پسر عزیزم تولدت مبارک .

روز میلادت

چشمهایت را باز کن

بهار آمده است

ببین چه زیبا

پروانه ها برایت شمع روشن کرده اند

و نیلوفرهای رنگارنگ

چشم براه نوازش دستان پرمهرت

بر بستر آب منتظر نشسته اند

به آوای پرندگان گوش کن

ببین چگونه

برایت نغمه سر می دهد

تا روز مسعود میلادت را

به گوش خاطره رسانند

آزاده

ما جام جهان را به تماشا بنشستیم

با چشم دل و دیده بدنبال تو هستیم

در شرط قرنطینه و تنهایی مطلق

بایاد تو دلخوش به صفای نفست جام نشستیم

آن گاه که سیمای تو را آب نشان داد

خرسند شدیم از بر زیبایی و بند دل گسستیم

سرو آزادگیش پیش تو هیچ است

مدهوش از این خلقت پرفایده هستیم

آزادگی و مهر و وفا حک شده بر ذات و وجودت

زیبایی اخلاق و صفا در صدف جان تو جستیم

از خانمی و رقت قلب تو چه گوییم

از بارگذشت و کرمت ما ، انگشت به دهان باز نشتیم

سیراب شده عشق ، نهادینه به اعماق درونت

هم خرد و کلان عاقل و دیوانه گواهند که مستیم

از صافی آن روح زلالت ، از پاکی آن عشق روانت

خرسند شدیم ، دل به صفای تو ببستیم

لبها به دعا رو به خدا دست به آسمان

از ایزد یکتا ، همه خواهان سعادت تو هستیم

با شوق و امید دیدن آن روی ماهت

هر روز به یک لحظه دیدار تو ما چشم به ره هستیم

ازاده عزیز خواهر بزرگ و مهربان روز تولدت مبارک

شب شهریوری

شبی از شبهای شهریور خدا

هدیه داد یک دختر شیرین به ما

چهره ای زیبا با موی سیاه

خنده بر زد ناگهان پیش بابا

از همون روز مهرش افتاد به دلا

از همون روز ما شدیم عاشق این شیطون و بلا

تا یه چشم بهم زدیم

یهو اون روزا گذشت

یه روز از همین روزایهو با خبر شدیم

خاطی دعوت کرده این ایل و تبار به صرف شام

امروز اینجا جمع شدیم ، تا براش جشن بگیریم

شب شهریوری را ، دور هم با مزه و شعر و شراب

بخونیم برقصیم و شادیمون و ، با هم قسمت بکنیم

می دونم سخته که با ماسک و نقاب همدیگرو ماچ بکنیم

ولی شاید بتونیم با فاصله تو ذهنمون همدیگرو و هاگ بکنیم .

تازه امسال با سالای قبل یه کم هم فرق می‌کنه

چون نانا جون توی جشن خاطی شرکت می‌کنه

شایدم سال دیگه با امسالم فرق بکنه

شایدم خدا بخواد بی فکر بیش

یه پسر کاکل زری دورمونو گرم بکنه

پس بیاین دعا کنیم جمع خونه

نوه و نتیجه و مامان بزرگ ،

دوماد و دخترای خوشگل و اون علی کپله

همه دور هم باشیم همین زمان تو این خونه

خاطی جون سال دیگه شمعاشو با بچه بغل فوت بکنه!

تولدت مبارک عزیزم خاطی جون

فرزانه

تو فرزانه و من دیوانه روی توام

در سراخلوت دل در طلب کوی توام

گر برانی تو مرا از طرفت

باز می‌گردم و جویم گنهم

یادم آید روزهایی که به شُب شُد سپری

در کنار توی شیرین سخن کز همه سری

توی اون روزا که که ما غریب بودیم

توی این شهر بزرگ از همه بی نسیب بودیم

اون روزا که دوستی‌ها اسیر حد و مرز بود

دید و بازدیدای مردم رو حساب ارز بود

اومدی با دل پاک مهمون قلب من شدی

بدون هیچ ادعا کمک به حال من شدی

تو مسیر زندگی همدل و همزبون شدیم

چشم به هم زدیم دیدیم دوستای جون جونی شدیم

هنوزم با اینکه از هم دور شدیم

ولی باز شنبه شبا دورو بر هم جمع شدیم

پس بیا دعا کنیم که تا ابد

بمونه رابطمون به پا فقط

نذاریم هیچی و هیچ کسی تو این روزای سخت

ما رو از هم بگیره بجز فقط خدا با مرگ

تقدیم به فرزانه عزیزم به امید تداوم دوستیمون تا ابد

۸۱

جشن پنجاه سالگی

پلکهایم را می‌بندم

نسیم بهاری را از پس پلکهای بسته‌ام احساس می‌کنم

نسیمی که بخشی نو در رمان زندگی من باز خواهد کرد ،

نسیمی که باردار ۵۰ سال خاطرات تلخ و شیرین زندگی من است!

احساس عجیبی دارم!

انگار تا بحال با خودم بیگانه بوده‌ام!

حس می‌کنم سبک بالتر از غازهای مهاجر می‌توانم تا بینهایت عشق پرواز

کنم.

فارغ از دلشوره های بی پایان

فارغ از روزمره گی و دغدغه های آشکار و نهان

حس غریبی که تا امروز مرا از ورود به این برهه از زندگی می هراساند، حالا

جلوه گاه زیبایی های پنهان آن شده است!

حالا خطوط چهره‌ام بجای پیام پیری، جاده های پرپیچ و خم تجاربم را

تدائی می کنند! آنچه را که در بیست سالگی تشنه بدست آوردنش بودم!

۸۲

دیگر نگران شمردن موهای سفیدم در آینه نیستم! چون در ازای هر کدام،

نهال سبزی از یافته هایم در عمق وجودم تنیده شده است.

و اینک من، من تنها باغبان آنها هستم تا در این مسیر سبز با چشمه

حیات وجودم آنها را آبیاری کنم و

شاهد به ثمر رسیدنشان باشم

تا که از طراوت و زیبایشان در ادامه راه لذت ببرم.

احساس می‌کنم که قطرات باران غبار هراس از دست رفتن جوانی را از

آیینه چشمانم می‌زدایند! باران می‌بارد و من دوباره تازه می‌شوم! حالا با

چشم‌های بسته زیبایی‌های درونم را بهتر می‌توانم ببینم!

دیگر احساس تنهایی نمی‌کنم.

از پس بیرون خموش و آرامم، صدای غوغایی درونم را می‌شنوم.

کودک درونم را می‌بینم که به پشت سرش نگاه می‌کنید و به سال‌هایی که

پشت سر نهاده می‌نگرد!

دستهایش را با مهربانی و عشق می‌گیرم و طلوع دوباره خورشید را از پشت

ابرهای خاکستری نشانش می‌دهم

تازه دارم مفهوم واقعی عشق را تجربه می‌کنم!

من وارد دنیای بی شرط و شروط عاشقانه خیالم شده ام. به خودم

می بالم که هم از نعمت مادر شدن و هم از عشق مادر داشتن بهره مند

هستم.

حالا دیگر نگران کمرنگ شدن زیبایی های وجودم نیستم چون دریایی از

زیبایی های درونم را یافته ام

که نه تنها زوال ناپذیرند

بلکه بی حد و مرز به سوی اقیانوس کمال در جریانند.

حالا چشمهایم را باز می کنم و احساس می کنم دوباره متولد شده ام!

می خواهم نیمه دیگر رمان زندگیم را زیبا تر تجربه کنم. آنگونه که در انتهای

راه شاهد شادی و لبخند کودک درونم باشم.

به راستی شکوه پنجاه سالگی را تنها با چشم های دل می توان دید.

خاطراتم را در باغچه خانه ام کاشته ام و با اشک شوق و امید هر روز آبیاریشان می کنم مبادا که خدای ناکرده خشک شوند.

آن تک گل آلاله صورتی رنگ نو شکفته که در میان آلاله های بنفش خودنمایی می کند، مرا به یاد آن روزی می اندازد که فرشته ای سفید پوش تو را از میان ده ها نوزاد بغل کرد و برای اولین بار در آغوشم نهاد!

این پیچک سفید و زیبا که امروز به بلندای ستونهای سردر خانه قامت گسترده اند نشانگر خاطرات سال هایست که تو هر روز بزرگ و بزرگتر می شدی

این بوته گل رز سرخ که با عطر خود فضای باغچه را عطرآگین کرده است یادآوران دسته گل رز سرخی بود که با عشق و غرور به مناسبت موفقیتت در کنکور دانشگاه برایت خریده بودم .

آن یاس سفید که دیوارهای حیاط خانمان را سفید پوش کرده مرا با خود به روزی می برد که من و پدرت تو را با لباس سفید به سوی سرنوشت بدرقه میکردیم

و بالاخره این نو نهال کوچک که می بینی با شوق در انتهای حیاط خانه کاشته ام، به امید دیدن درختی جوانیست که با شکوفه های سفید و صورتی زیبایش در بهار سال جدید به خواست خدا بثمر خواهند رسید.

چه کسی می داند؟ شاید بهار امسال، شکوفه های این نهال جوان برای اولین بار، خاطره های شیرین تازه تری را برای ما به باغچه خاطراتمان به ارمغان بیاورد!

عزیزم امروز به مناسبت سالروز تولد و همچنین سالگرد ازدواجت با شهریار عزیزم، دسته گلی رنگارنگ از یک به یک گلهای این باغچه ساخته ام تا شما را در شنیدن خاطرات این روزهای شیرین سهیم کنم.

دخترم تولدت مبارک

برای مادر خردادی ام

با تو باران ترانه زندگی است

با تو بام آسمان زیر پای من است

آواز پرندگان موسیقی حیات

و لبخند شقایق آرایش دشت و صحرا شده است

با تو زنبق ها همیشه می خندند

به امید صدای پاهایت شبها نمی خوابند.

شبنم رو گلهای باغچه به هنگام صبح

به یوم آمدنت با طراوت گشتند

سوسن و لادن به شوق دیدنت

چشم به راه ماندند.

گلبرگ های نسترن زیر درخت چنار

زیر پاهایت فرش سفید گسترند

لاله ها سر از خاک بر آوردند تا دنیای ما رنگ زندگی بگیرد.

۸۷

خرداد موقع بلوغ بهار

طنازی گل سرخ و رقص نیلوفر در آب

تمنای سرو به بوسیدن تن عریان آسمان

فصل زیبایی و رنگ

خرداد امسال همه با هم این همه زیبایی و نعمت را در کنار تو جشن می

گیریم

و آرزو می کنیم

سالیان سال همراه با تو به بدرغه تابستان برویم.

به مناسبت تولد مادرم

من وارث گرمای درونت

من وارث گرمای درونت

من عاشق بی شرط و شروط آن وجود با وجودت

آن سرو که مغرور به طنازی و اندام بلنداست

ار در بر باغ تو بروید نه چنین است و چنان است

ماه از رخ روی تو به خود رنگ گرفته

خورشید به گرمای وجود تو سماوات گرفته

از برکت دریای وجودت

سرتاسر وادی خشک دل ما رنگ گرفته

مژگان سحر خیره به سیمای چو ماهت

گلگون شده گونه های خورشید ز شرم آن نگاهت

ویران شده دیده او بسکه به چشم به راه تو نشسته

حسرت شده عادت بدلش

لیک هنوز عاشق و خسته

آن روز که تو با ناز و ترنم به جهان پای گذاری

پاییز به ناز قدمت رنگ به رخسار طبیعت بنشانده

مهتاب به سرسرای خانه سیم گستر

آذر به تماشای قدومت همه جا جشن گرفته

ساقی به تمانای وصال نازدلبر

حیرت زده جامی به سلامتی تو در دست گرفته

خوش آمدی ای بهار زیبا

با پاقدم تو ما هنوز هستیم برپا

شاد باشی و تندرست و زیبا

سرشار خوشی، امید و رویا

تعبیر فال حافظ

پر کشیدم شاد و بی باک

دمی گشتم جدا از حال دنیا

سبکبال پر زدم بر بال رویا

به ناگه پر کشیدم تا به خورشید

به روی ابرها بودم من آنگاه

شدم یک لحظه حیران

زیر ورد گار

که بر بست بنیان غم از این دل زار

به دست سرنوشت اینگونه اینبار

برایم هدیه آورد است بسیار

به زیر لب نوای شادمانی

در اعماق وجودم پادشاهی

نمی دانم کلید قفل قلبم را که بگشود

صدای بی صدایم را که بشنود

فقط دیدم تو در آغوشم هستی

شدم سرشار شور و شوق مستی

نمی شد باورم این خواب شیرین

حقیقت بود این رویای دیرین

تو بودی غرورم

طلوع سحر در همه تار و پودم

سرانجام سختی، سرآغاز هستی

تو بودی و هستی

تمنای مستی

نگیرد تو را هرگز از ما خدا

خدا را هزار بار شکرش که هستی

تو تعبیر فال حافظم

روح مسیحا

توی آن بوی خوش

مژده به دلها

علی جان مقدم ات باشد مبارک

همیشه باشی بریا شود این سور دل ما

برای پسرم علی

سلام دخترم

سلام ای مهربون ابر بهاری

تو که از رحمتت بر ما بباری

گهی خوشحال و گه آزرده خاطر

ولی آخر شفقت می‌کنی یا سازگاری

مثال رعد تندی می‌کنی گه

مثل برق پاکش می‌کنی با مهربانی

به وقت درد و محنت یاوری تو

ولی گاهی مثال زخم بر دل میگذاری یادگاری

گرم روزی نیازم بر تو افتد

شوی حاظر کنارم برق و بادی

اگر خواهم ز تو هر چیز نایاب

کنی پیدا بیخشی با سخاوت آنچه داری

اگر روزی گره در کارم افتد

توی تنها که بازش میکند با هوشیاری

ولی آنگه که خود در معضل افتی

خودت حلش کنی با بردباری

من آخر گیج ماندم مات و مبهوت

که تو متولد پاییزی یا اهل بهاری

هر آن هستی برایی من تو ماهی

هزاران رنگ پاییزو به زیبای بهاری

زمن این تحفه ناچیز برگیر

که از دل سرزده با شرمساری

برای بهاره پاییزی ام

دل شکسته

ای که با خون جگر می تو بسازی زرزی

دل مبند گر که ببینی ثمرت نیست شراب

شاید آن دانه انگور که در گل کاشتی

یا که آن دم که تو با باور خود عشق نثارش داشتی

همه بر باد بدادی به سرانگشت خطا

یا که با غفلت و نادانی و حتی اشتباه

و سرانجام ببینی که شرابت

نه به سرخی شراب است و نه آغشته به آن عشق و صفا

غم نخور گر که کسان قدر ندانند تورا کهنه شراب

یا که با پا برزنند و بریزند ، تورا باده در آب

عاقبت دست زمان می شکند جام دل دلشکنان

دیر یا زود عیان میشودش سرخی آن

و صد افسوس بر آن باده زکف رفت چسان

و شکسته دل آن عاشق بی نام و نشان

تو بگو کیست که قلبش همچو دریا بی انتهاست

او که تنها عشق در چشمان مشتاقش به راه است

او که فَلاهُ خیراً حافظاً داعم بروی لب برد

از برای حفظ اولاد نیمه شبها با خدا نجوا کند

تو بگو تنها که بر بستر کنارت تا سحر بیخواب بود

او که بود دایم کنارت وقتی که حال دلت بی تاب بود

وقت غم غمخوارت و هنگام شادی در کنار

محرم اسرارت و ناگفته های بسیار

راست گفتی کس نبود او جز وجود مادرت

محکم اما بی توقع ، مثل سایه بر سرت

عزیز ترین بهانه زندگی من روز قشنگت مبارک باشد و سایه ات همیشه روی سرم

حرمت دوست

چو آری تو سر دلت بر زبان
کنی تیر دل را رها از کمان

چو افشا کنی رمز و راز مگو
اگر وا کنی درد دل با عدو
دگر از غریبان مودت مجو

اگر تو شکستی دل یار را
جفا کرده‌ای با دلش بارها
دگر در دو چشمش تولا مجو

مبر حرف این پیش آن
قضاوت مکن زود
بزن قفل محکم بروی زبان

مکن غیبت دوستی پیش کس

گناهش مخر باکلامی عبث

بیان حقیقت چو لازم شود

درایت به گفتن ملازم شود

مکن حق و ناحق کسی را ادب

مبادا زنی نیش زخم بیسبب

سخن کم کن و یاوه گویی مکن

ادب را بکن جستجو از بی ادب

مرنج از سخن های تلخ خودی

که یارت نگوید سخن بیخودی

منم گر کنم جز بدین ساز و کار

فراموش کن نام من بذارم کنار

در وصف لادن

خوشْ، آنگه بود یار تو در سرای خانه

از هوشْ برد رایحهٔ زلفِ کمندت دلبرانه

از راهِ رسم محو تماشای تو گردم

آن قد بلند و پیکر ناز زنانه

شبْ در عجبْ از چشمِ سیاهتْ

جادو شده در حسرتِ آن چه عاشقانه

خورشید خجل ز شرمِ این ناز نگاهتْ

در نزد تو بی رنگ شده اقاقی و یاس و آلاله

انگشتْ به دندان بگرفته سرو شیراز

از قامتِ نازِ تو شده مست و کلافه

در حسرتِ یک بوسه از آن لعلِ لبانتْ

مجنون شده یار، گشته به میخانه روانه

از شفقت و مهر و وفایت چه بگویم

خوش خلقی و اخلاق خوشت نقل کلام این زمانه

در محفل هر کسی که باشی

خنده بر لبانشان نشانی ماهرانه

هر کس که تو را باشدش استاد به یک بار

هرگز نتوان یافت مثال تو کرانه تا کرانه

این شعر اگر چه هست کوتاه

حرفی دل من بود به زبان عامیانه

در وصف تو در میان گلها

لنگ است کلامم به زبان شاعرانه

حال این همه را در دو کلام کنم خلاصه

لادن تویی مصداق تمام این نشانه هایگانه

تقدیم به لادن عزیز دوست و استاد خوشگلم

دمی با دوست

بیا تا لحظه‌های عمرمان را در کنار یکدگر شیرین بسازیم

دقایق را به رسم عاشقان آسان نبازیم

شبی را تا سحر با ساغر و ساقی نشینیم

دمی غافل ز قیل و قال این دنیا بمانیم

ز دست دوست هر دم می کنیم نوش

به رسم عشق و مستی جامها پر می نماییم

بخندیم و بخوانیم و بیاشامیم با هم

کنیم دلها رها از غم به یک دم

به یاد خاطرات رفته از یاد

به پاس روزهای رفته بر باد

کنیم آشکاران راز نهانی

که در دل داشتیم روز جوانی

زنیم پیکی به امید رهایی

قرنطینه ، کرونا ، این بلای آسمانی

کنیم یاد شب و روزای شیرین

صفا و معرفت ، دوستای دیرین

رفاقتهای با ارزش ، محبتهای بی پایان

مودت ، همدلی ، امداد ، یاری های پنهان

ولی شاید اگر از من بپرسی

هزاران نکته ناگفته دارم

زبانم قاصر است از وصف این راز

کلامم هم نیابد جملهای در شرح آن باز

فقط گویم که دانی قدر این شبهای پر راز

بدانی قدر این شیرین شراب ناب شیراز

زمستان سرکنی با دوست هر شب

غم و غصه رها سازی، نشانی خنده بر لب

انشاالله جمعتون جمع و رفاقتتون پابرجا

زمستان

گله دوست

گله‌ام از سر عشق است نه از بهر جفا

در دلم نیست سر سوزنی از کینه تو را

گر تو را خرده بگیرم که چرا اینی و ان

تو بدان در دل من جایگهت هست گران

اینکه بی من بروی با دگران

بشکنی قلب مرا یار شوی با این و ان

روی برگیری و دیگر نکنی بر من عیان

راه کج کرده کنی ساز جدایی به زبان

نازت اما بخرم باز به منت گل من

چشم بر بندم و از یاد برم ان اسان

چون بدانم که تو را نیست کسی نزدیکتر جز دل من

یار دیرینه دیروز و رفیق حال و همپای دل خسته من

۱۰۶

چشم براه توام تا تو بیایی از در

بغلم باز بگیری و فشاری بدنم را در بر

اشک در چشم منو خنده به لبهای تو باز

بنشینیم و کنیم یک دل پر راز و نیاز

من بگویم که دگر هر چه بگویی، بکنم

تو بگویی که دگر خرده مگیر از دل من

سخن سعدی شیراز برامیز به گوش

لحظه ای خوشتر از آن نیست که باشی با دوست